Curro Cañete

El poder de confiar en ti

Aprende a tener fe en ti y conseguirás lo que quieras

Curro Cañete

Planeta

PEFC Certificado

Este libro procede de
bosques gestionados
de forma sostenible

PEFC

PEFC/14-38-00305 www.pefc.es

Avda. Diagonal, 662-664, 08034 Barcelona (España)
www.planetadelibros.com

Diseño de maqueta: Diego Carrillo
Adaptación de la cubierta: Booket / Área Editorial Grupo Planeta
Ilustraciones de la cubierta: © Ignasi Font
Fotografía del autor: © Blanca Medina
Primera edición en Colección Booket: octubre de 2024

Depósito legal: B. 14.362-2024
ISBN: 978-84-08-29380-4
Impresión y encuadernación: Rodesa
Printed in Spain - Impreso en España

ÍNDICE

Introducción
13

1. **El arte de vivir conscientemente**
19

2. **Creer es crear**
41

3. **Tus deseos son importantes**
97

4. **Confía en ti**
127

5. **Cómo ser feliz ahora**
161

6. **Todo irá bien**
235

Agradecimientos
251

El mayor descubrimiento de todos los tiempos
es darse cuenta de que una persona puede
cambiar su futuro simplemente cambiando su actitud.

OPRAH WINFREY

El mundo hay que fabricárselo uno mismo,
hay que crear peldaños que te suban, que te saquen del pozo.
Hay que inventar la vida porque acaba siendo verdad.

ANA MARÍA MATUTE

NOTA PREVIA DEL AUTOR TRAS LA DÉCIMA EDICIÓN

Desde que salió modestamente la primera edición de este libro hasta hoy —muchas ediciones después—, *El poder de confiar en ti* ha tomado una fuerza propia e imparable que lo hace llegar cada vez a más y más gente. Me he visto impresionado por miles de personas que me han escrito para agradecerme el maravilloso cambio que este libro ha supuesto en sus vidas. El agradecimiento que siento hacia ellas es tan grande que muchas noches me emociono hasta las lágrimas. No puedo nombrarlas a todas, pero sí puedo contar la que más repercusión tuvo. Un flamante campeón del mundo al que admiro muchísimo contó en una entrevista, al día siguiente de ganar el mundial, que este libro le había acompañado en todo el torneo y que le había ayudado mucho. No sé si Ricky Rubio cree en las casualidades, yo no. Por eso, sé que mi libro y él se han dado el uno al otro lo que cada uno necesitaba. Él y yo no nos conocemos ni habíamos cruzado una palabra. Somos aparentemente muy distintos. Pero descubrí que tenía un león tatuado en el brazo, como yo, y entendí que, aunque yo no hubiera jugado al baloncesto en mi vida, lo que nos unía era mucho más que lo que nos diferenciaba: un deseo ardiente de ser felices, de querer mejorar, de hacer que esta vida tenga sentido, de aportar cosas buenas al mundo y de sobreponernos internamente a las dificultades sin culpar a los otros. Descubrí que nos unía un cordón invisible tejido con hilos de amor y esperanza, el mismo cordón que une a todos los seres humanos. Gracias, Ricky, por tu valioso ejemplo y por ir a por todas en esta vida, y gracias a los millones de personas en este planeta que quieren despertar, ser felices y vivir con todas las consecuencias. *El poder de confiar en ti* seguirá contribuyendo para impulsarlos y darles lo que buscan y necesitan. Gracias, gracias, gracias.

Dedicatoria tras la décima edición

A los miles de seres humanos que ya han leído este libro y lo han regalado, con inmenso agradecimiento y la alegría de saber que no se irán de este mundo sin sacar fuera lo que llevan dentro.

Para todas las personas que desean mejorar y para quienes creen en la bondad y en el inmenso potencial del ser humano.

Esta es mi promesa: la suerte se hace, el éxito se crea, la felicidad se entrena. Y mientras haya vida: ¡VAMOS A POR TODO LO MEJOR!

INTRODUCCIÓN

Llevo años ayudando a muchas personas a aumentar su autoestima, a gestionar sus emociones y a ser más felices. He escrito todo lo que sé y enseño en este libro con un único objetivo: que aprendas a tener fe en ti. Si ya lo haces, tu **confianza** aumentará y tu vida será mucho mejor. Serás más feliz, tus relaciones mejorarán y tendrás poderosas herramientas para lograr más fácilmente tus objetivos. Y si todavía no te valoras demasiado y no confías en ti, además se iniciará un gran cambio en tu vida: empezarás a quererte y entrarás en el camino del autoconocimiento, que te conducirá a tu **felicidad** y tu **bienestar.**

No sé si *El poder de confiar en ti* te descubrirá algo que te sorprenda mucho o que te resulte totalmente desconocido. Léelo varias veces. Es probable que, cada vez que lo leas, aprendas y descubras cosas nuevas. Y sé que todo lo que encuentres en él, hasta lo que pueda parecerte más banal, te ayudará a quitarte capas y disfraces que ya no necesitas. Porque todo lo que contiene está encaminado en la misma dirección: animarte a **romper tus propias inercias**, que logres **escapar de tus limitaciones** y, en definitiva, decidas **vivir tu propia vida**, la que realmente deseas. Su lectura elevará la visión que tienes de ti mismo y de la vida estés donde estés en este momento.

Te ruego que no le des excesiva importancia a la elección que hago de algunas palabras. No importa tanto la palabra que utilicemos como el significado que le demos. Si, por ejemplo, a ti la palabra *esfuerzo* no te gusta y lees una frase como «esfuérzate en cambiar ese hábito», puedes tachar la palabra *esfuérzate* y poner encima «dedica tiempo y energía» a cambiar ese hábito. Y lo mismo puedes hacer con cualquier otra palabra que por los motivos que sea no te guste. Lo verdaderamente importante es el siguiente mensaje: viniste a ser feliz, no te distraigas. Y es que nos distraemos con mucha facilidad.

Para ser feliz, tienes que quererte y confiar en ti; para confiar en ti mismo, tienes que comprender, interiorizar y saber que el poder siempre está dentro de ti, nunca fuera.

Yo hace años leí mucho a Hermann Hesse y me parecía precioso lo que decía de que todo lo de fuera era una proyección de lo que estaba dentro, pero no terminaba de entenderlo y no me lo creía. Hasta que hace relativamente poco tiempo logré integrar de forma profunda algo que ha cambiado mi vida para siempre: todo el trabajo que tengo que hacer, ante cualquier situación, es relajarme y dejarme guiar por mi propia sabiduría. **Hay un lugar dentro de ti en el que se encuentran todas las respuestas que necesitas.**

Hace no tanto también entendí que en la vida siempre vamos a tener retos. Cada día es un reto. Y **cada desafío puede llevarnos a crecer, a mejorar y a ser más felices.** Por eso, ya no los rechazo.

Antes, me ponía nervioso si algo no salía como yo quería. Ahora, cuando logro superar un reto, me pregunto tranquilamente: ¿qué será lo siguiente? Y no tengo miedo a lo que pueda suceder, porque sé que contaré siempre con todo lo necesario para ser feliz y salir adelante.

En la vida suceden cosas que nos gustan y otras que nos entristecen o nos hacen sentir mal. Aunque seas una persona muy positiva, no vas a poder evitar los retos. Siempre vas a encontrarte con un nuevo desafío. Pero es más gratificante y fácil superar los retos y desafíos que aparecen en el camino hacia tus **sueños** que luchar en batallas que nada tienen que ver contigo o con la vida que tú quieres.

La auténtica **felicidad** no se encuentra en las distracciones o los pequeños placeres. No tengo nada contra ellos —muy al contrario, me encanta disfrutar de una vida placentera—, pero soy consciente de que esos instantes desaparecen enseguida y no tienen tanto que ver con la verdadera felicidad. Por eso, no baso mis decisiones en ellos.

Conseguir el éxito vital que todos deseamos —**la verdadera felicidad**— es mucho más complejo que irse de fiesta, ver el fútbol bebiendo cervezas con los amigos, comprarse el último modelo de teléfono móvil o tomarse un *muffin* de chocolate. La felicidad es una conquista diaria que requiere que seas consciente y que te conozcas muy bien. Y mientras no confíes en ti, no te conoces. Si sabes quién y cómo eres realmente, eres consciente de todo lo que vales, de todo lo que la vida ha hecho para que tú puedas ser hoy quien eres y de todas las **posibilidades** que tienes a tu alcance.

«Existe una luz inmensa, infinita, que todo lo sabe, que nos ilumina. El que la mira jamás vuelve a ver la oscuridad», escribió mi hermano a los dieciséis años de edad. Ahora mi hermano está muerto, pero casi todos los días le doy las gracias por eso que escribió. Hoy sé que esa luz es la **felicidad**. No dejes que el miedo te impida ver esa luz que siempre está, incluso cuando no la ves.

En ocasiones, insistiré en algunas de las ideas que quiero transmitirte. He trabajado e investigado tanto a lo largo de estos años sobre diversos campos, como la neurología cerebral, que considero importante explicar algunas cosas esenciales desde distintos puntos de vista. En cualquier caso, te animo a que leas *El poder de confiar en ti* hasta el final (ya descubrirás por qué).

Nunca olvides que siempre tienes la felicidad a tu alcance. Solo hay una condición:

No vayas en contra de ti,
de tu yo verdadero o esencial,
de tus deseos más profundos.

Porque si vas en contra de ti mismo y de lo que brota espontáneamente de ti, ¿cómo quieres alcanzar tu felicidad?

Hace unos años, descubrí que era muy sensible. Me afectaban las cosas más que a otros, hacía dramas y me tomaba demasiadas cosas a la tremenda. Poco a poco, aprendí a **gestionar las emociones**. Sigo siendo muy sensible —lo cual es maravilloso porque sigo disfrutando de la vida intensamente—, pero ahora me ahorro mucho sufrimiento.

No podemos entender la vida, pero podemos creer en ella. El propósito de este libro es facilitarte al máximo el camino para que confíes en ti y en la vida. No eres insignificante. Quiero **ayudarte** a tomar conciencia de tu verdadera y poderosa naturaleza. Y si las cosas no han sido fáciles para ti, voy a **acompañarte** para que vuelvas a ser la persona alegre y segura que un día fuiste.

La vida es un interminable y continuo camino hacia delante. Y cada día nos regala nuevas oportunidades. Pero si te cierras a ellas, no las ves. No tengas miedo a nada, tampoco a ningún final ni a ningún comienzo. Todo pasa, pero no importa porque, cuando una cosa queda atrás, otra llega, siempre.

Para ser feliz es necesario mirar la vida sin miedo.

Únicamente tenemos una vida. No pienses que intentar hacer lo que quieres puede llevarte a fracasar. Solo fracasa el que no lo intenta. Apostar por tus sueños jamás es un riesgo. Vivir con todas las consecuencias nunca es un error.

Y, ahora, permíteme que sigamos avanzando de la mano. Porque este viaje hacia tu **felicidad** y tu **bienestar** no ha hecho sino comenzar.

1

El arte de vivir conscientemente

No se puede ser feliz sin confianza. La felicidad es **confiar en los demás y en uno mismo**, y en que todos los sueños podrán siempre cumplirse desde el momento en que alimento **la magia del instante presente**. Es valorar el regalo que tenemos ahora, porque dentro de un tiempo será tarde y ya no habrá ningún regalo. El verdadero milagro es que aún hoy existe en tu vida lo que un día no existirá. ¿Te das cuenta? Las personas, las situaciones, las cosas que hay ahora en tu vida, incluso tú mismo, dentro de más o menos tiempo habrán desaparecido.

Siempre me ha preocupado enormemente ser entendido y aceptado, pero he aprendido que agradar o contentar a todo el mundo es imposible. Por más que hagamos, nos esforcemos o nos justifiquemos, siempre habrá alguien que nos juzgue y a quien no le guste lo que hacemos. En *El poder de confiar en ti* comparto, de la forma más clara y directa, todo lo que he vivido y aprendido. No quiero guardarme nada para mí. Porque sé que **el cambio es posible**. Lo sé porque yo mismo lo he logrado. También puedes hacerlo tú, independientemente del lugar en el que te encuentres. Las puertas del cambio interno están siempre abiertas para todo el que se decida a pasar por ellas.

Todo lo que explico es racional y se atiene a lo científicamente demostrable, pero en algún momento puede escapar a la lógica. En los últimos años me han pasado cosas fuertes y extrañas, vivencias que no tienen explicación aparente y que contaré aquí. Voy a dar un salto al vacío. De otra forma, para mí no tendría sentido escribir.

Mi única intención es ayudar, contribuir a que salgas del sueño y despiertes, a que vivas como tu corazón anhela. Porque ahora sé que todo el que hace daño es infeliz y en realidad está sufriendo. Es imposible que si te conectas a tu **yo esencial**, a tus anhelos y deseos, no seas feliz. Y es imposible que alguien feliz trate de perjudicar a los demás. La felicidad es importante: cuando no somos felices, a menudo enfermamos. Detrás de esa enfermedad está la vida diciéndonos «no vayas por ahí», «no te alejes de tu camino», «escúchate y sé coherente con lo que verdaderamente quieres». La raíz de muchas enfermedades puede estar en negarse algo que se desea o en hacer lo contrario de lo que tu corazón quiere.

Tardé años en entender el verdadero significado de esta frase:

Magia es confiar en ti mismo.
Si logras hacer eso, puedes conseguir cualquier cosa.

En junio de 2015 me reuní en un bonito restaurante de Benalmádena con Rafa, mi profesor de Filosofía en el último curso del colegio y al que más he admirado en toda mi vida. Llevábamos sin vernos dieciocho años, pero mi amigo Fernando Ramos Gil me dio su contacto. Sorprendentemente, Rafa se acordaba muy bien de mí.

Ese día, Rafa me contó su historia personal, nada fácil, y respondió a todas mis preguntas. Durante mucho tiempo, tuvo mucha fe en Dios e incluso llegó a iniciar el proceso para adentrarse en la Iglesia. Luego, su vida dio un giro y lo dejó. «¿Qué es la fe, Rafa?», le pregunté yo, que en aquel momento buscaba desesperadamente un sentido a la vida. «Fe es confiar en uno mismo», me respondió.

Aquellas palabras me llegaron muy dentro. Entendí que allí residía una de las claves más importantes para la felicidad. ¿Confiaba realmente en mí mismo? Desde luego que no. ¿Cómo podía aprender a confiar? ¡Menuda tarea! Toda mi vida la he pasado admirando a otros. Desde niño, admiraba al resto de mis compañeros más que a mí mismo. Y secretamente quería cambiarme por cualquiera de ellos. Al fin y al cabo, la sociedad me puso muy difícil desarrollarme como niño y como ser humano: lo que yo sentía dentro de mí, para los demás, incluso para las personas que más me querían, no debía existir o era malo.

Si confías en la vida, vivirás sin miedo. La elección es muy personal. Solo tenemos una vida, ¿cómo prefieres vivir, desde la confianza o desde el miedo?

En la primavera de 2018 viajé a Sevilla con mi madre y visitamos a mi tío Eduardo, con casi noventa años de edad. Cuando le pregunté qué era lo más importante de la vida, me respondió:

Sentirse bien y hacer sentir bien a los demás.

Mi propósito y mi intención es enseñar a los demás a confiar en sí mismos y en sus sueños, ayudar a las personas para que aprendan a quererse incondicionalmente, a ser felices, a sentirse bien con independencia de las circunstancias y los retos de la vida diaria. He descubierto que **cuanto mejor te sientes y más feliz eres**, los acontecimientos se desarrollan de una forma más agradable y fluida. Nuestra salud se beneficia increíblemente de la felicidad. Las ventajas de ser felices en el momento presente son innumerables y debemos tomárnoslo muy en serio. No eres egoísta por quererte a ti mismo.

Proponerte ser feliz es el acto de generosidad más grande que puedes hacer por los demás y por ti.

Porque hay muchas personas buenas que no son felices, pero todas las personas felices son buenas.

Todo parece más fácil cuando descargamos de importancia la gran mayoría de las cosas que diariamente nos arrebatan nuestra paz y nos centramos en lo único importante, nuestra propia vida, el destino al que a menudo llegamos paso a paso, impulsados por el susurro de nuestra **sabiduría interior**. Si dejas los prejuicios a un lado y lees este libro con calma, subrayas las frases que te llamen la atención y haces los sencillísimos ejercicios de autoconocimiento que te voy a proponer, tu vida no será la misma. Se habrá iniciado un **cambio**: tu conciencia se habrá ampliado, verás cosas que antes no veías, confiarás más en ti y serás más feliz. Esta es la promesa que te hago. Cada vez que lo leas, descubrirás nuevas cosas valiosas que te ayudarán a alcanzar una comprensión mayor.

Como cualquier **proceso de mejora**, confiar en uno mismo y aprender a encontrar y disfrutar la felicidad requiere paciencia. A todas aquellas personas que acuden a mi consulta les pido que sean pacientes a la hora de aumentar su autoestima. Mi hermano Rafa no hizo su vida: murió cuando tenía treinta y dos años. Algo en mí empezó a cambiar cuando se suicidó. Su muerte me sacudió más que nada en la vida y me hizo mucho más consciente. Yo no sé por qué no supimos ayudarle para que quisiera quedarse aquí, pero sí sé que dejó en nosotros una huella imborrable, profunda y llena de vida, la misma huella que a mí me hizo empezar a ver el mundo con otros ojos. Dicen que las experiencias más fuertes que tenemos nos van formando y son las que nos hacen ser quienes somos. Yo soy quien soy gracias a él. Porque vivía tan profundamente dormido, tan inconsciente, que hubiera tardado cien años o más en despertar si no hubiera muerto.

Sucedió un día como otro cualquiera. Yo fui a estudiar a la biblioteca y cuando volví a casa para comer encontré a mi familia llorando con desesperación. Mi madre regresaba por la calle con las bolsas de la compra en la mano cuando una de mis hermanas bajó a comunicarle la noticia. La comida rodó por el suelo y sus gritos se escucharon en toda la manzana.

Mi hermano era cien veces mejor persona que yo, pero le costaba mucho trabajo vivir. No encontró en el mundo la comprensión que buscaba. Su mente no le ayudó a interpretar positivamente ciertas experiencias ni a tomar decisiones mejores, tampoco a salir del pozo en el que a veces se encontraba, y no supimos ayudarle mejor quienes estábamos con él y le queríamos, porque no puede ayudar el que no sabe cómo hacerlo. Yo entonces no creía en mi hermano, ahora sí.

Para amar a una persona y ayudarla es necesario comprenderla y creer en ella.

Han tenido que pasar casi dos décadas y cambiar muchas cosas en mi vida y en mi mente para que yo haya podido comprender a Rafa y todo aquello que vio y sintió.

Muchos de nosotros actuamos como si fuéramos a vivir para siempre y olvidamos que todo se puede acabar en cualquier momento. Durante una reciente conversación con José Bravo Martín, gran amigo y una de las personas más maravillosas que conozco, hablamos de ello. Él ha vivido ciertas experiencias similares a las mías. En una ocasión, cuando todavía era niño, José salió de casa como cualquier otro día. Cuando regresó, su padre, una persona excepcional, había muerto en un accidente. Esa tragedia que vivió su familia, me explicaba mi amigo, lo ha hecho **valorar más el presente** hasta hoy.

Desde que mi hermano falleció, siempre he tenido presente la muerte, sobre todo desde un verano que pasé en Playa Blanca, en Lanzarote. Me fui completamente solo a aquella isla, a la que llegué bastante triste y deprimido, estresado y con miedo. Temía por mi salud y había pensado alguna vez en el suicidio, de forma muy vaga al principio y luego algo más concreta, sobre todo desde la muerte de Jokin Cebeiro, una noticia que me impactó mucho y me dio alguna idea. Jokin, un adolescente vasco que sufría el acoso de sus compañeros, estaba tan desesperado que, el 21 de septiembre de 2004, cogió su bicicleta y se fue hasta la altísima muralla de Fuenterrabía. Desde allí se arrojó al vacío. Mi futuro aparecía en mi mente con nubes muy negras en el horizonte. **Pero lo superé**.

Ahora entiendo, como si pudiera ver mi vida en retrospectiva, que todo aquello que viví fue lo que yo necesitaba para espabilarme y para aprender. Porque yo vivía dormido.

¡DESPIERTA Y VIVE!

Podemos vivir dormidos o despiertos. Muchos de los que viven dormidos no lo saben, pero también hay muchas personas que no se han percatado de que están despiertas. Y es que he conocido a personas muy conscientes que viven así desde siempre, pero que no se han planteado ni propuesto nada. Perfecto. Lo importante es cómo seamos y lo que hagamos, no la palabra que usemos. Sin embargo, conocer las diferencias entre vivir dormido (**inconsciente**) o despierto (**consciente**) te ayudará a elegir si quieres disfrutar de tu propia vida de otra manera.

Una persona dormida está muy apegada a sus pensamientos. De hecho, se cree todo lo que le dice su mente. **Culpa a los demás** de su dolor y de su sufrimiento, **atribuye todo lo que le ocurre a las circunstancias**. Afirma constantemente que quiere hacer algo, pero que no puede: «Entiéndeme, yo haría esto, pero no puedo», «yo me separaría, pero no puedo», «yo cambiaría de trabajo, pero no puedo»... Suele dar muchas excusas y razones para justificarse, algunas de ellas muy lógicas (económicas, morales, temporales o de cualquier otro tipo), y puede repetirlas durante años. Con frecuencia, las personas dormidas se comparan con otras y concluyen: «Claro, en su caso es más fácil», con lo que **quitan mérito y restan valor** a los demás. **No confían en sí mismas ni en la vida** y por eso viven con mucho miedo: les aterroriza que las deje su pareja, que las despidan, que sus amigos se enfaden...

Cuando está dormida, una persona ve la vida pasar, sin grandes aspiraciones, sin una meta vital. A veces incluso critica y juzga a las personas que más quiere sin darse cuenta de que es algo perjudicial, muy tóxico. Cuando le sucede algo que no le gusta, responde: «¿Por qué siempre me tiene que pasar lo mismo?» o «¿Ves? ¡Siempre me pasa lo mismo!». Una persona dormida no encuentra tiempo para meditar ni para relajarse en soledad, al contrario, suele buscar siempre estímulos externos.

«Para amar de verdad
hay que emprender un trabajo interior
que solo la soledad hace posible».
ALEJANDRO JODOROWSKY

Muchas personas dormidas se pasan la vida esperando que llegue el fin de semana y las siguientes vacaciones, porque no suele gustarles demasiado el día a día y son incapaces de disfrutar del presente. De hecho, normalmente se preocupan tanto por el pasado y por el futuro que olvidan vivir el hoy.

Una persona despierta vive, actúa y piensa con conciencia siempre que puede. Se propone conscientemente aportar cosas buenas al mundo. Observa sus pensamientos, pero sabe que muchos de ellos no son la verdad. No sigue ciegamente a su ego ni acepta las excusas que este le ofrece continuamente. Para despertar, **quiérete, háblate con respeto, valórate**. Una persona despierta **no culpa a los demás ni a las circunstancias** de lo que le sucede, no hace un drama por cualquier cosa de la vida cotidiana porque sabe que las dificultades son retos para aprender. Contempla la vida con entusiasmo y no como una pesada carga. **Prefiere la acción a la queja**, porque sabe que las quejas estancan, agotan al otro y son inútiles, y más vale arriesgarse y equivocarse que lamentarse toda la vida pensando en qué habría pasado si se hubiese atrevido. Aprende del pasado, pero su foco está en el presente y en lo que quiere crear en el futuro.

Aunque sepas que no hay garantías de nada, arriesga y apuesta por lo que quieres.

En definitiva, una persona despierta es feliz y goza de su propia vida.

CONVIÉRTETE EN TU MEJOR ALIADO

Yo viví dormido muchos años de mi vida. Me lo pasaba bien, es cierto, pero el miedo me tenía atrapado y no disfrutaba de mi vida porque negaba mi esencia y mi naturaleza. No hay nada más doloroso que negarse a uno mismo.

Cuando comencé a despertar, fui consciente de mi vida y empezó mi propia transformación, que no ha parado en todos estos años. Porque una vez que se inició, ya no podía resistirme a la corriente de los cambios. Lo que antes me importaba pasó a ser insignificante para mí. Empecé a devorar libros de crecimiento personal y psicología. Lo único importante era averiguar la manera de seguir creciendo personalmente y de ayudar a otros a transformar sus vidas. Llegué a pensar que **el cambio real es posible**. Creí en el cambio y cambié. Y me hice mil veces la siguiente pregunta: ¿Quién soy y para qué estoy aquí?

Se puede **aprender desde la felicidad o desde el sufrimiento**. Se cuentan por miles los testimonios de personas que, tras haber sufrido mucho o haber vivido una experiencia dura o traumática, han pasado a tener una vida más consciente y bonita. Mi amigo el actor Jorge Lucas me explicó que el cáncer le cambió la vida para mejor. Lo cuenta con todo lujo de detalles en su libro *Son muchas cosas*. Y Odile Fernández, la autora de *Mi revolución anticáncer*, me dijo que superar esa enfermedad había transformado su propia vida espectacularmente.

Está despierto quien, a pesar de los muchos retos y dificultades, ve la vida como una oportunidad maravillosa para amar, compartir, crecer y ayudar a los demás.

Yo desperté gracias a mi hermano, a sus poesías y sus susurros, y gracias a Demian, un hombre fuerte e impresionante que me ayudó tanto como se puede ayudar a un ser humano.

Todas las personas con las cuales nos encontramos son como ángeles que pueden ayudarnos en nuestro camino. En ocasiones, el mensaje viene de la mano de personas a las que estimamos, como yo admiré a Demian, y otras llega a través de alguien a quien no soportamos. **Los maestros están escondidos a menudo en los más variados disfraces.**

«No hay nada que le resulte más difícil al ser humano que seguir el camino hacia sí mismo. La gente no quiere escuchar su propia voz. Y es una pena, eso nos provoca mucho sufrimiento. Porque para ser felices tenemos que vivir conforme a lo que brota desde dentro de nosotros», me dijo Demian, la primera persona que creyó en mí, en aquel verano de 2010 en Playa Blanca. En aquellos momentos yo me había hecho unos análisis clínicos y, puesto que hacía años había tenido algunas relaciones sexuales de riesgo, temía los resultados, hasta el punto de que había pensado formas de abandonar este mundo. Al mismo tiempo, me hice una promesa: si eran buenos, me liberaría de mis temores, haría todo lo que estuviera en mi mano para ser feliz y dedicaría mi vida a ayudar a los demás a ser felices.

No puedo explicar con palabras lo que sentí el día que el doctor me dijo: «Estás más sano que yo». Experimenté una explosión de energía tan mágica y alucinante. ¡Estaba sano! ¡Estaba vivo! ¡Era joven y tenía otra oportunidad! Cuando me calmé, recordé mi promesa. Y para que no se me olvidara, me tatué en el brazo, con la letra de mi hermano, precisamente esa palabra: **FELIZ**.

RECUPERA TU VIDA

Ahora, años después, puedo decir que **el éxito en la vida se mide por lo feliz que eres**. Por eso, lo que más me interesa es investigar sobre la felicidad. Desde que volví de Playa Blanca, he dedicado la mayor parte de mi tiempo a estudiar sobre la mente y las emociones, he leído centenares de libros sobre el tema y he invertido mi esfuerzo en aprender y formarme. Y ahora, en este libro, comparto lo más importante de todo lo que he aprendido.

He querido contar lo que sucedió en mi familia porque muchas personas afirman que la felicidad es posible siempre y cuando no te sucedan desgracias importantes. Y tienen una parte de razón. Pero lo cierto es que la mayoría de las cosas que nos arrebatan la felicidad día a día no son verdaderas tragedias, sino tonterías, situaciones banales que hinchamos como burbujas y que desaparecen en pocos días.

Meses después de la muerte de mi hermano, mi amiga Susana Cobo me recomendó dos libros: *Optimismo inteligente* y *La conquista de la felicidad*. Nunca supe por qué me llamaron tanto la atención, pero lo cierto es que sentí un escalofrío que me recorrió la columna vertebral al escuchar sus títulos y fui inmediatamente a buscarlos a la librería.

No volví a leer sobre crecimiento personal hasta años después, cuando ya se había cumplido mi sueño de vivir en Madrid. Estaba tan estresado que necesitaba tomar dos somníferos para lograr dormir cinco horas por las noches. Un día, sufrí un ataque de ansiedad. Supe que tenía que tomar otras medidas y llegué a la consulta de Carmen Giménez-Cuenca, gran coach y hoy por hoy una de mis mejores amigas. Carmen me ayudó y, ya en la primera sesión, me recomendó *El poder del ahora*, de Eckhart Tolle.

Lo leí tres veces seguidas. Desde entonces no dejé de devorar libros sobre la mente y las emociones, hacer talleres, cursar formaciones. A menudo lo hacía en secreto y casi con vergüenza. ¿Qué hacía yo, tan culto y formado, con mis dos carreras universitarias, leyendo libros sobre psicología y crecimiento personal? Yo, que hacía tiempo leía a Marcel Proust, ahora me sentía poderosamente atraído por libros que muchos de mis colegas despreciaban. Hasta hace poco perdía mucha energía intentando gustar a quien tal vez no le gustaba como yo era en realidad. Y ahora una de mis máximas es: «Enfócate en las personas que aman lo que haces».

La vida nos indica cuál es nuestro siguiente paso y podemos hacerle caso o resistirnos. Cuando nos resistimos, sufrimos. Pero si decidimos dar ese paso, todo cobra sentido.

¿Cuál es el siguiente paso que te está inspirando la vida?

Unas fuerzas invisibles me han inspirado para que escribiese este libro. Son las mismas que hace años me hicieron abandonar el periodismo y el mundo de las fiestas y los famosos en el que me movía. La vida también me inspiró para hacer un máster en coaching e inteligencia emocional y, más tarde, abrir mi consulta de crecimiento personal para ayudar a los demás.

El **miedo** pudo impedirme avanzar, pero lo dejé atrás y seguí mi camino. Al fin y al cabo, yo era un periodista respetado, trabajaba en *Vanity Fair* y en otras revistas importantes, me codeaba con famosos, me invitaban a las fiestas más glamurosas, las marcas me llenaban de regalos, tenía un buen sueldo y me iba bien. ¿Para qué iba a dar un giro tan grande a mi vida y por qué iba a arriesgar tanto?

Temía que quienes me conocían despreciasen mis nuevos objetivos. Pero el deseo ardiente de cumplir con mi propósito de vida me ayudó a vencer, una vez más, el miedo al qué dirán. Todas las personas, se dediquen a lo que se dediquen, son igual de valiosas. Hoy en día, solo admiro a las personas que escapan de su zona de pereza, dan lo mejor de sí mismos y desarrollan su potencial, es decir, que siguen su destino y se dedican a lo que han venido a hacer en este mundo aunque no lo comprendan su familia o su entorno. Admiro exactamente igual a un gran barrendero que a un prestigioso director de cine.

Si quieres ser feliz, desarrolla tu potencial. Y, para lograrlo, debes saber primero para qué estás aquí y disponerte a dar el siguiente paso con valentía. Encontrarás mil excusas para quedarte donde estás, algunas de ellas lógicas y razonables. Pero, si piensas y actúas con sinceridad, sabrás que el miedo es lo único que te frena. Todos los que han alcanzado sus sueños han tenido que superarlo.

El miedo ya no tiene poder sobre mí: después de muchos años, he comprendido que debo vivir con todas las consecuencias, digan lo que digan los demás. Confía en tu vida y ámala tanto como para que ese amor sea más fuerte que el miedo.

«Una vida no vivida es una enfermedad de la que se puede morir».
CARL GUSTAV JUNG

Para vivir con todas las consecuencias, necesitas comprometerte contigo mismo, con tu presente y con tu proyecto de vida más que con ninguna otra cosa, independientemente de lo que haya pasado. Y hacerlo desde este momento. Me gustaría que entendieras que cualquier tiempo pasado no fue mejor, porque **lo mejor solo puede suceder en el presente**.

Comprendo que tengas miedo. Pero, después de haber trabajado con cientos de personas que han pasado por mi consulta, he llegado a esta conclusión:

Cuando confías en la vida y te atreves a dar el siguiente paso que te está pidiendo, nada malo puede sucederte.

No pierdes nada de lo que tenías; al contrario, ganas mucho más en todos los ámbitos. No hablo de actuar de un modo inconsciente y tomar riesgos innecesarios. Cuando avanzas conscientemente, siempre ganas. Y eres mucho más feliz. Porque recuperas lo más importante: **el sentido de tu propia vida**.

Hay personas que no creen en el crecimiento personal. Eso me entristece, porque se pierden algo valioso. Quizá yo tampoco creería en que es posible si no fuera porque todo lo que cuento en este libro ha transformado totalmente mi propia vida. Hoy, sé que **el crecimiento personal lleva a más felicidad, comprensión y bienestar**. Y no pretendo que me creas, quiero que lo experimentes por ti mismo.

El 23 de diciembre de 2017, en el salón de su casa de Córdoba, le dije a mi hermana Enri que mi vida había cambiado, que había dado el mayor salto de fe que podía haber imaginado. Desde que conocí a Demian en el verano de 2010, llevaba pidiendo fe y confianza en mí mismo y en ocasiones casi las tocaba un poquito con las manos, pero se escapaban siempre rápidamente, disolviéndose entre el vacío y la nada. Hasta que, siete años más tarde, me di cuenta de que mi deseo, por fin, ¡se había cumplido! Lo que más deseaba se había hecho realidad. Y entonces supe que escribir *El poder de confiar en ti* tenía sentido, porque yo no puedo narrar lo que no he vivido ni una persona puede ayudar a otra en lo que ella misma no ha conseguido.

¿Qué hizo posible este salto definitivo? Realmente desconozco cuál fue la razón exacta, pero sí sé que llevaba años trabajando en mí mismo, haciendo afirmaciones, estudiando, leyendo y buscando respuestas. En realidad, ahora que lo pienso, confiar en la vida no tendría que ser tan complicado. Todos confiábamos de niños, pero en algún momento nos extraviamos.

CONFIAR ES FÁCIL

Imagina que conduces desde Madrid hasta Barcelona. Puedes ir tranquilamente, haciendo caso a las señales que ves o al navegador mientras disfrutas del paisaje, de la conducción, de la música o de la conversación si vas acompañado. Todavía no ves tu destino, pero confías plenamente en que llegarás a él. Y llegarás, siempre y cuando no des la vuelta o te desvíes de tu ruta.

En la vida sucede algo parecido: todos y cada uno de nosotros disponemos en nuestro interior de señales y de un navegador que nos indican la dirección correcta. Ese navegador es nuestra **sabiduría interior**. Cuanto más confiemos en ella, más agradable será el viaje y más rápido llegaremos a nuestro destino.

Sé feliz con lo que tienes mientras avanzas hacia lo que deseas.

Por mi consulta de coaching y crecimiento personal han pasado personas muy diferentes, de distintas edades, profesiones y clases sociales, desde actores y amas de casa a integrantes de grupos de música *indie* y altos ejecutivos. Todos me explican cosas que no han contado a nadie, ni siquiera a sus parejas, y detallan sus muchos problemas. Son de todo tipo, pero, por muy diferentes que sean las personas entre sí, tienen en realidad el mismo problema: no confían en sí mismas y, por este motivo, no logran la felicidad ni alcanzan las cosas que desean. A medida que aprenden a quererse a sí mismos, ganan confianza y son más felices. A partir de ahí, su vida ya no vuelve a ser la de antes.

Lo que nos une como seres humanos es mucho más que lo que nos diferencia. **Somos más capaces y valiosos de lo que pensamos.** No nos veamos como seres desvalidos a merced de las circunstancias, como un corcho a la deriva en el mar. Muchas personas tienen integrada esta errónea forma de pensar: cuando las cosas me van bien, estoy feliz; cuando me van mal, soy infeliz.

Realmente **tu poder para influir en tu propia vida es enorme**. A menudo no somos conscientes de toda nuestra fuerza, de lo que somos capaces, del potencial de felicidad que tenemos. No somos conscientes del inmenso poder de nuestras decisiones, de nuestros pensamientos y de nuestras emociones. Y el tiempo pasa. ¡El tiempo vuela!

Recuerdo la primera vez que me enamoré. Mi novio y yo éramos jóvenes, sanos y fuertes. Teníamos todo para ser felices, pero sufrimos mucho porque no nos permitimos serlo. Gracias a esa relación, aprendí a quererme más y mejor y mi vida se enriqueció enormemente. **Para ser feliz, lo más importante es enfo-**

car siempre las cosas de una forma positiva. Esto no implica ser tonto o iluso, sino inteligente: es lo que más te conviene, sabes que todo tiene dos caras y que, por tanto, tenemos el poder de reenfocarnos siempre que queramos. Las cosas son a menudo más fáciles de lo que creemos, somos nosotros quienes las complicamos.

«Para ser feliz es esencial vivir con entusiasmo».
ALESSIA PUTIN

La abogada Alessia Putin, íntima amiga de Alaska y Mario Vaquerizo, es una de las personas más sociables y generosas que conozco. Durante años los dos compartimos viajes, aventuras y una alocadísima *dolce vita* en Madrid que no olvidaremos. Ella me enseñó, y me sigue enseñando, el poder de la generosidad y de disfrutar de la vida apasionadamente.

Vivir con entusiasmo no es dejar de ver las dificultades, sino afrontarlas desde otro ángulo menos tremendista y dramático, renunciando a la queja y sabiendo que, pase lo que pase, únicamente la pérdida de la esperanza puede expulsarnos del juego.

ERES MÁS DE LO QUE CREES

¿Te das cuenta de la sabiduría que encierra esta frase?

> «Es bueno tomar conciencia de que en nosotros hay algo que lo sabe todo, que lo quiere todo y lo hace todo mejor que nosotros».
> HERMANN HESSE

Aprovecha la oportunidad que se te presenta, solo así tomarás conciencia del poder que hay dentro de ti y podrás utilizarlo para alcanzar tu felicidad.

Algunas personas me dicen que no tengo días malos, que soy optimista por naturaleza. Nada más alejado de la realidad: mis tormentas interiores han sido fuertes, graves y muy dolorosas. Detrás de lo que ven mis amigos y seguidores no hay un optimismo ingenuo ni un don natural, sino autoconocimiento y un trabajo duro y constante, como el que podría dedicar un escultor para pulir la piedra y lograr su obra. Porque **yo elijo quién quiero ser**, y aún me queda mucho trabajo por hacer.

Tú eres tu proyecto más importante. Porque en la mejora continua reside la contribución, la expansión, la felicidad, el amor y el bienestar. La vida es trabajo y movimiento, solo que ahora sé que podemos disfrutar de ella. ¡Hazlo!

2

Creer es crear

Tu vida actual y las cosas que te han sucedido han estado poderosamente influidas por tus pensamientos y creencias. Todo lo que has pensado y creído ha creado tu actual presente. Lo que pensaste hace años, meses, semanas, días o incluso minutos te llevó a tomar las decisiones que han hecho que tu vida actual sea la que es ahora. Pero lo que hoy es no lo será mañana. Lo más importante es qué piensas en este momento y ahora, ya que tu vida de mañana depende de ello, no de lo que pensaste ayer. **El momento del cambio siempre es el presente.** Para crear una realidad diferente es necesario pensar de forma diferente. Puedes pensar de otro modo a partir de ahora, y si lo consigues, y en la medida en que lo hagas, crearás una realidad distinta.

La felicidad es un camino intencionado, no algo que llegue únicamente por azar. Mi tía Lola Leyva me dijo en una ocasión: «La felicidad está en nuestro cerebro, activémosla». Cuando activas tu felicidad en tu cerebro, lo que ves fuera de él cambia totalmente. ¡Lo interior cambia lo exterior! Dicho de otro modo, cuando tú cambias, las cosas que te rodean también lo hacen. ¿Y cómo activo la felicidad en mi cerebro? A través de la **elección consciente de tus pensamientos**.

LA FELICIDAD ESTÁ AHÍ

Lo que te aleja de tu felicidad no son los hechos del mundo exterior ni tus actos en este momento, sino tus pensamientos. Por supuesto, cuando tus circunstancias son agradables, es más fácil acceder a la felicidad y sentirte bien. Pero lo realmente decisivo nunca son las circunstancias ni los hechos concretos, pues dos personas no reaccionan igual en la misma situación ni tienen por qué ser igualmente felices. De hecho, he conocido a personas felices en situaciones aparentemente muy difíciles, mientras que otras eran desgraciadas en circunstancias que cualquiera calificaría de extraordinarias.

La felicidad está aquí y ahora, en todas partes, siempre presente y disponible.

Poco después de llegar a Madrid, trabajé mano a mano durante unos años con una artista muy famosa que estaba en la cúspide de su carrera. Nos hicimos amigos y llegué a quererla muchísimo. Ella tenía todo lo que otros desean y que se supone necesario para ser feliz: fama, reconocimiento, juventud, propiedades, mucho dinero en el banco y una familia que la quería. No solo tenía cientos de miles de seguidores, sino que además tenía un talento inmenso y buen corazón. Conmigo siempre se portó muy bien. Sin embargo, su felicidad acababa aplastada cada dos por tres por el drama, líos varios, relaciones conflictivas y todo tipo de problemas. Mucho después, a medida que he estudiado y aprendido sobre la mente y las emociones, he entendido que esas dificultades se las creaba ella misma. ¡Su propia mente no le permitía ser feliz! Era una persona brillante e inteligentísima, pero no veía, no sabía, no entendía que el problema de sus males no estaba fuera, sino dentro. Y se pasaba la vida culpando a los demás.

Si das una tremenda importancia a cualquier desplante o situación hostil y eso te hace infeliz, ¡cambia el chip! **¡Transforma tu mente!** ¿Lo comprendes? ¡Tu felicidad está en juego y, por tanto, también lo están tu vida, tus relaciones, tu salud! Aprende a gestionar tus pensamientos, tus reacciones y tus emociones para que puedas mantener tu felicidad el mayor tiempo posible. Porque mientras más feliz eres, más deseos de vivir tienes, más ganas de amar y de ayudar, y más contribuyes a la felicidad de las personas a las que quieres.

Para mantener tu felicidad tienes que centrarte primero en ti. No en tus hijos, no en tu marido o tu esposa, no en tus padres, no en tus jefes. Lo repito: necesitas centrarte en ti. Porque solo si te centras en ti puedes conocerte, darte lo que necesitas y llegar a quererte incondicionalmente.

Tú eres lo más importante
que tienes tú.

Cuando trabajo con una persona en mi consulta, siempre intento que entienda la importancia del **cambio personal**. Lo que te aparta de la felicidad son tus resistencias, tu ego y tus pensamientos negativos, que son el reflejo de una mente no entrenada y de un subconsciente que te juega muy malas pasadas. O cambias tu manera de pensar y limpias conscientemente todo lo inservible que se ha acumulado en tu mente a lo largo de los años, o no serás feliz ni siquiera si se cumplen tus sueños, como les sucede a tantos artistas de éxito.

Y es que por mucho que hoy consigas que las circunstancias cambien a tu favor, que una persona haga lo que tú quieres o que no suceda lo que te iba a quitar la felicidad, ¿cómo lo lograrás siempre y en todo momento? La vida es larga. **Transforma tu mente** o tu felicidad estará totalmente condicionada a los muchos sucesos diarios, por lo que serás como una marioneta en manos del azar, de los demás y de las circunstancias.

Tu verdadero enemigo son tus pensamientos negativos. Cuando te relajas, te liberas suavemente de ellos y se transforman en positivos. Y entonces, ves la vida de otro color y la felicidad vuelve a ti. La magia reside en la gestión del pensamiento y de las emociones, en disfrutar de la vida desde el **relax**, la **confianza** y el **verdadero gozo**. ¡No hay nada más importante que eso!

Si cambias tu manera de pensar, cambiará tu vida.

Manuel, un chico muy joven y muy guapo al que conocí hace años, me dijo en una ocasión: «El día que comprendes que tú no manejas tus pensamientos, sino que ellos te manejan a ti y que ahí residen muchos de tus problemas, es el inicio del cambio. Es cuando te das cuenta de que quieres cambiar, que quieres que tu vida sea mejor. Descubrí que si me lo proponía firmemente podía ser yo quien gobernara mi mente y podía cambiar mi manera de pensar. Y que, si cambiaba mi manera de pensar, cambiaría mi vida».

Aquellas palabras me impactaron mucho. ¡Podía cambiar mi vida cambiando mi manera de pensar! Fui corriendo a contárselo a mi pareja y amigos, pero a muchos de ellos no les producía ni frío ni calor ese descubrimiento. Más tarde comprendí que yo no podía salvar a nadie, pero podía salvarme a mí.

Para ser feliz, necesitas cambiar tu manera de pensar..., al menos en las áreas en las que no te va bien. Independientemente de cuáles sean tus circunstancias, si quieres que un aspecto de tu vida se transforme, lo más importante que puedes hacer por ti y por los demás es tener **pensamientos positivos o amorosos**. Cada vez que tienes pensamientos benevolentes, te sientes bien y eres feliz. Y cada vez que tienes pensamientos malintencionados, te sientes mal y eres infeliz.

Cuando te juzgas o criticas a otra persona, cuando extiendes un rumor cruel o no te amas a ti y a quien tienes delante, te alejas de la felicidad. Y, aunque no sea fácil, si emprendes la tarea de liberarte poco a poco de esos pensamientos malevolentes y logras transformarlos en amorosos, recuperarás el bienestar y la felicidad.

Puedes preguntarte constantemente: En este momento, ¿camino hacia la felicidad o me alejo de ella? Si logras relajarte y respondes honestamente, de tu interior siempre emergerá la respuesta correcta. Pero la **honestidad** requiere **valentía** y **compromiso**. Y merece la pena, porque la recompensa es enorme: la verdadera **felicidad**. En ese camino hacia la felicidad encontrarás la dicha, el éxito, la salud, el bienestar, las relaciones sanas y el amor.

Ser feliz en el momento presente
es la manera más efectiva de hacer realidad
todos tus deseos.

Es cierto que, en ocasiones, parece imposible ser feliz en el momento presente. Aun así, siempre tendrás dos opciones: elegir el camino que te lleva a la felicidad, acortando la distancia poco a poco, o seguir el que te aleja cada vez más de ella.

La felicidad, insisto, es un camino intencionado. Hasta las personas que tienen el don de ser felices sin habérselo propuesto pueden ser aún más dichosas, porque **la felicidad no tiene techo**. Y, según mi experiencia, la mayoría de los seres humanos tenemos que trabajar en nosotros mismos si queremos ser felices. Debemos cultivar día a día una actitud entusiasta y positiva y desechar conscientemente todo aquello que nos aleje de nosotros mismos.

La felicidad llega por suerte en ocasiones, pero casi siempre supone un trabajo, un logro, la mejor conquista que puedes hacer día a día.

CUIDA TU DIÁLOGO INTERIOR

Cada vez que seas consciente de un pensamiento negativo, detente y cámbialo conscientemente por el contrario. Supón que te descubres diciéndote: «He engordado y estoy horrible», «Soy un completo desastre», «Nada me sale bien». Es el momento de cambiar radicalmente y declarar lo contrario: «Soy excepcional», «Me amo y me acepto incondicionalmente», «Cada vez hago las cosas mejor». Insiste, repite esas ideas, y llegará el momento en que tu cerebro active de forma natural los **pensamientos positivos** y olvide los negativos.

Las puertas a la felicidad siempre están abiertas para ti. Por mucho que te hayas enredado torpemente en mil historias que te alejen de tu verdadero yo, siempre tienes el poder de **reenfocar tu vida** para recuperar tu felicidad, incluso cuando tu entorno o el lugar en el que te encuentras no sea agradable.

Muchas personas se enfocan en lo que no les gusta y se deprimen. Pero el lugar y las circunstancias en que te hallas, por mucho que te disgusten, son transitorios. ¡No los veas como algo definitivo! Eso que no te gusta desaparecerá o se transformará mucho más rápido si no le das tanta importancia.

No importa lo que sucedió.

Enfócate en lo que quieres conseguir
y en el lugar al que quieres llegar.

EL YO ESENCIAL

En ocasiones, imagino a los humanos como seres capturados en una inmensa tela de araña. Algunos tratan de liberarse, pero otros ni siquiera lo intentan porque ignoran que están atrapados. Para escapar, primero necesitas saber que esa tela de araña te ha atrapado y, después, tomar la decisión irrevocable de salir de ella por mucho que te cueste. Conviene coger impulso para saltar lo más lejos posible y romper así sus hilos. Cuando lo consigas, deberás prestar atención a las innumerables trampas que esa tela de araña —tu ego, el falso yo que está en tu mente— te tenderá para capturarte de nuevo. Cada vez que algo te haga regresar a la tela de araña tejida por tu ego, tendrás que volver a saltar con todas tus fuerzas para escapar.

Tu ego no busca tu bienestar, te seduce con una aparente y cómoda supervivencia. Le encantan las discusiones, los problemas, los dramas, las excusas, apegarse a lo que conoce, criticar y, en definitiva, desperdiciar el regalo que es la vida. Siempre anda justificando, incluso con argumentos muy lógicos y razonables, los motivos para que no salgas de tu zona de (falso) confort y avances hacia tus sueños.

«Entiéndeme, pero es que...», me repiten muchas de las personas que acuden a mí para que las ayude. En realidad, todo argumento que te impida avanzar hacia donde deseas —por muy real, lógico y fundamentado que parezca— no es más que una excusa de tu ego que debes vencer.

«No hay alivio más grande que comenzar a ser lo que se es. Desde la infancia nos endilgan destinos ajenos. No estamos en el mundo para realizar los sueños de nuestros padres, sino los propios».

Alejandro Jodorowsky

Tu yo esencial no tiene miedo, quiere avanzar y vivir su vida, se atreve a superar sus propios límites. Tu verdadero yo **está conectado directamente a tu corazón** y tiene sus propias respuestas. ¿Te has preguntado por qué hay personas cuya luz te hace sentir bien en cuanto las ves? Se debe, simplemente, a que son ellas mismas. Cuando te conectas con tu yo esencial, la vida toma un color diferente.

Soy muy feliz cuando alguien me escribe o me dice que, gracias a mi trabajo como coach y a mis escritos, está logrando escapar de su tela de araña. Se lo noto en la sonrisa y en la luz que irradia su mirada. Cuando escapes de tu tela de araña, empezarás a **quererte más** y, al mismo tiempo, aprenderás a **confiar en ti**. Cuando te quieres, no te haces daño ni se lo haces a los demás.

La confianza siempre está fuera de la tela de araña, pero para saltar hay que ser valiente, porque nunca hay garantías sobre qué ocurrirá. Y ahora sé que no necesitamos que las cosas sean seguras para vivir felices. Al contrario: a menudo, en lo inesperado se encuentran las más agradables sorpresas.

EDUCA TU EGO

Tu ego gana la partida cada vez que no te amas. Por eso, cuando actúas de manera diferente y empiezas a quererte y a confiar en ti, tu ego se siente amenazado e intenta boicotear tu esfuerzo para cambiar y ser feliz. ¿Cómo lo hace? Asustándote a través del diálogo interior: dándote argumentos muy razonables y certeros para que abandones el cambio, para que vuelvas a lo anterior, a lo conocido, y no te compliques. Ese es el momento en que debes decidir si lo escuchas o ignoras sus argumentos, atraviesas esa zona de duda y terror... y sigues adelante.

Es posible educar tu ego, «domesticarlo», para mantenerlo a raya. No voy a engañarte: es un trabajo de por vida, pero merece la pena. Una manera de lograrlo es dejándole claro, todas las veces que haga falta, que tú eres quien lleva las riendas de tu vida. Por ejemplo, cuando se presente una situación complicada, **cambia tu forma de reaccionar**. En mi caso, hago entre tres y diez respiraciones profundas y me digo: «Transformación». Comprobar que puedo dirigir mi vida —reaccionar de una manera distinta, no dejarme atrapar por tal o cual excusa, hacer lo que yo decida— me hace feliz y me reconforta. Cada vez que gano a mi ego, sé que empiezo a cambiar todo lo que me limita en mi subconsciente y, por tanto, que estoy creciendo como persona.

Cuando empecé a educar mi ego, este me vencía a menudo y luego yo me sentía mal. Ahora, si gana la partida y acabo haciendo algo que en el fondo sé que me perjudica, simplemente soy comprensivo conmigo mismo. «No importa, Curro, estás aprendiendo. Mañana lo harás mejor, todo está bien», me repito. Gracias a este **diálogo interno**, consigo sentirme bien pese a esa pequeña derrota, y esto es maravilloso, porque, de otro modo, ¡mi ego seguiría ganando!

Todos somos como niños que estamos aprendiendo en esta aventura a la que llamamos vida.

ERES EL ÚNICO RESPONSABLE DE TU VIDA

Imagina que dentro de ti hay un gigante dispuesto a ayudarte siempre, capaz de conseguir todos tus sueños, de crear una vida maravillosa..., pero que está dormido y no puedes servirte de él. Ese gigante existe: es tu **poder interior**. Para despertarlo, tienes que hacerte responsable de todo lo que sucede en tu vida.

A las personas con las que trabajo en consulta siempre les hago estas preguntas: ¿Qué puedes hacer para tomar el control de tu vida a partir de este momento?, ¿cómo puedes acercarte desde hoy mismo al destino que deseas?, ¿qué puedes hacer a partir de ahora para tener una vida más plena y ser más feliz?

El primer paso es clarificar al máximo tu visión, tu propósito, tus deseos, qué esperas de la vida, hacia dónde quieres ir y, en definitiva, cuál es tu **proyecto de vida**. Tener un proyecto vital es el acto de amor más grande que puedes regalarte. El hecho de saberte responsable de lo que te sucede —y de ser consciente de que lo que has creado en tu vida ha dependido en buena medida de cómo has pensado y actuado— te abre la puerta de la esperanza: significa que **puedes cambiar** desde este momento.

Hay personas que han cometido tantos errores que, al ser conscientes de ellos, se echan las manos a la cabeza ante el desastre en el que han convertido su vida. Pero nunca es tarde. Cuanto más tiempo haya pasado, más les costará tomar las riendas de su vida, pero los cambios positivos aparecerán desde el mismo momento en que se pongan manos a la obra, dejen de culpar a los demás y a las circunstancias y decidan, por tanto, ser totalmente responsables de sus vidas. **No culpes de tus males a los demás**, ni siquiera cuando estés totalmente convencido de que tienes razón.

Tú eres el responsable
de tu propia experiencia.

Es cierto que sentimos alivio cuando echamos la culpa a otro, y también cuando alguien que nos aprecia nos consuela diciéndonos que tenemos razón. Pero ese alivio es instantáneo y pasajero, no genera verdadera felicidad y desaparece enseguida, dejándonos anclados en la misma situación: víctimas de las circunstancias. ¿Significa esto que debes soportarlo todo? No. Deja ir a las personas con las que mantienes una relación tóxica, sin juzgarlas ni culparlas, y **sigue tu camino** desde el punto en el que te encuentras.

Para recuperar el control de tu propia vida y disfrutar de ella, tienes que convencerte de que el cambio es posible. **¡Verdaderamente puedes cambiar!** Forma parte del poder que tenemos los seres humanos y, de hecho, hoy se sabe científicamente que, cuando cambias tus pensamientos, las conexiones entre tus neuronas varían y tu cerebro se transforma. Millones de personas en el mundo han logrado transformar su mente y han dejado atrás, de forma concreta y medible, los hábitos que les estaban arruinando la vida. Tú también puedes.

LOS HÉROES SON PERSONAS COMO TÚ

¿Te has preguntado alguna vez cómo es posible que haya personas con historias tremendas, orígenes humildes y pasados terroríficos que han logrado inspirar al mundo entero? O, al contrario, ¿cuál es la razón por la que individuos que disponían de todas las facilidades para triunfar y hacer lo que les diera la gana tiraron su vida por la borda? Evidentemente, las decisiones respecto a su vida que tomaron cada una de esas personas las llevaron a destinos muy diferentes.

Si naciste con alguna ventaja (de entorno, dinero, talento, etcétera), haces bien en sacar partido de ella. Pero no olvides que muchísimas personas consiguen, cuando todo parece estar en su contra, superar sus limitaciones iniciales y elevarse por encima de sus circunstancias. Son ejemplos que demuestran que dentro del ser humano hay una fuerza ilimitada. Tienes el poder de cambiar cualquier aspecto de tu vida, pero para ello debes **tomar decisiones diferentes** a las habituales. Quizá te dé pereza o miedo, pero el reloj sigue avanzando, así que tómalas ahora. Recuerda: no hagas hoy lo que no quieras seguir haciendo el resto de tu existencia.

Despierta la fuerza interior
que cambiará tu vida.

El recurso más potente que los seres humanos tenemos para hacer realidad todos nuestros sueños es la capacidad de **cambiar cualquier aspecto de nuestras vidas** que queramos. Pero, para utilizar este poder, debes creer en él y convencer a tu mente de que ese cambio es posible.

«No puedo hablar, soy sorda y no tengo olfato, pero sí puedo tener voz. Yo aposté por vivir. Me llamo Gennet». La historia de Gennet Corcuera, llevada a la gran pantalla por el actor y director Miguel Ángel Tobías en 2017, es impresionante. Nació en África, ciega, sorda, muda y sin olfato, sus padres la abandonaron en un orfanato y, tras ser adoptada en España, ¡se ha licenciado en la universidad y ha protagonizado una película! «Me daba miedo ir a la universidad y sentía que no tenía esa capacidad. También sentía miedo porque no sabía si iba a poder integrarme con mis compañeros ya que ninguno iba a conocer el lenguaje de signos. He logrado transformar mis miedos en una lucha por la vida para ir consiguiendo todo lo que me propongo».

«Debéis dejar fuera el miedo y ser conscientes de que sois capaces de hacer cualquier cosa igual que otra persona».

GENNET CORCUERA

Mamoudou Gassama, conocido como *el nuevo Spiderman*, nació en Mali en 1996 y abandonó su país en 2013 para cruzar el Sáhara con una meta en la mente: llegar a Francia para vivir con su hermano y allí alcanzar su sueño, ser bombero. Los traficantes de esclavos lo persiguieron por el desierto y fue encarcelado en Libia, donde lo maltrataban a diario. ¡Pero no se rindió! Siguió con su sueño en la mente y consiguió cruzar el Mediterráneo en una barca. Llegó a Italia y, tras sobrevivir tres años en campos de refugiados, consiguió reunirse con su hermano en Francia. El 26 de mayo de 2018, escaló cuatro pisos para salvar a un niño de cuatro años que estaba colgado de un balcón. Su hazaña se retransmitió en televisiones de todo el mundo. Y Mamoudou consiguió lo que anhelaba: trabajar como bombero.

¿Sabías que un hombre que nació sin brazos es hoy un guitarrista de éxito? Tony Meléndez, nacido en Nicaragua en 1962 y criado en Estados Unidos, ha explicado que se dio cuenta de que no tenía brazos cuando, de niño, empezaron a burlarse de él. Cuando creció, Tony soñaba con casarse, pero las chicas se reían de él. Finalmente se enamoró de una joven, se casaron y adoptaron dos hijos. A Tony la música siempre le había gustado, así que empezó a tocar la guitarra con los pies. Practicaba seis o siete horas al día y, con el tiempo, se convirtió en músico profesional. Sus conciertos se llenan de gente que disfruta de su música. Empezó a viajar, a cantar y a compartir su experiencia: «Yo veo a personas como usted, que tiene dos piernas, dos brazos, que tienen todo y dicen "no puedo, no puedo"... Sí puedes, sí puedes. Por favor, no me digan que no pueden, porque ustedes, usted, pueden hacer mucho, mucho más. Levántense y digan: "Yo quiero, yo puedo, yo voy para adelante". Tienen un mundo que solo está esperando la mano de ustedes para decir sí».

Pregúntate:
¿Cuál es mi potencial y de qué soy capaz?

Otro caso asombroso es el de la famosa coach Lizzie Velasquez, llamada por muchos «la mujer más fea del mundo». Lizzie, que nació con un síndrome tan raro que solo un par de personas en el mundo lo padecen, tiene centenares de miles de seguidores. Ella misma ha contado cómo empezó todo: alguien subió un vídeo suyo a internet y se hizo viral. Millones de personas se burlaron de ella y la insultaron públicamente. Aunque sufrió mucho, Lizzie dijo: «Sí, esta soy yo, y voy a vivir mi vida». Y convirtió su debilidad (su aspecto físico) en una gran virtud, no escondiéndose nunca más y apostando por su vida. Desde entonces, sus enemigos se disolvieron y ella empezó a acumular seguidores que aplaudían cada uno de sus pasos. Ahora, Lizzie imparte conferencias por todo el mundo y ha escrito varios libros.

En una ocasión, entrevisté a Albert Casals, nacido en 1990. De niño, sufrió una leucemia que logró vencer con ocho años. Quedó en silla de ruedas, pero eso no le ha impedido recorrer, desde que cumplió los catorce, medio mundo con su mochila. ¿Es posible? Para él lo fue. ¡Hizo de los viajes su propósito de vida! «Nunca me planteé que mi discapacidad me impidiera moverme por algún sitio, porque sencillamente no puede impedirlo», me contó en aquella entrevista. Ha escrito varios libros con sus aventuras e incluso se rodó un documental sobre su historia. Hoy por hoy, Albert sigue viajando: «Ahora mismo [comentaba en Facebook en febrero de 2018] estoy viajando desde Sudáfrica hasta España en autoestop y sin dinero, así que hasta octubre de 2018 seguro que mis respuestas llegan con retraso».

«Es imposible, voy a hacerlo», dijo Philippe Petit. ¿Alguien hubiera creído que era posible que un hombre cruzara las Torres Gemelas de Nueva York, a 400 metros de altura, caminando por un cable de acero y burlando a las autoridades? ¡A mi mente le parece increíble! Y, sin embargo, ¡fue posible!

Llegados a este punto, ¿crees que puedes superar tus inercias o prefieres irte al otro mundo con ellas? Muchas personas me dicen: «Yo no puedo». Claro que pueden. Definitivamente, **sí puedes**. La misma fuerza que demostraron tener todas las personas que he citado está también en tu interior, únicamente debes creer en ella, tomar otras decisiones y ser valiente. He compartido todas estas historias para que no te quede ninguna duda de que no importa de dónde procedamos ni cuáles sean nuestros orígenes o circunstancias para que podamos cambiar nuestra vida.

Todos tenemos el poder de mejorar nuestra vida, en la medida en que queramos, hasta transformarla por completo.

LOS PENSAMIENTOS SE PUEDEN CAMBIAR

La mente es tu mejor y más potente herramienta si la utilizas de forma apropiada. De lo contrario, puede hacerte la vida imposible. Tu mente puede destruirte poco a poco o hacerte la vida muy agradable, puede elevarte por encima de todos tus problemas o conseguir que te arrastres continuamente por el suelo, puede ayudarte a alcanzar tus deseos o alejarte dramáticamente de todo lo que te importa en la vida. Un simple «clic» en un momento dado, **una decisión diferente**, puede hacer que algo cambie dentro de ti y que, a su vez, cambie toda tu vida. Casi todos hemos sentido alguna vez ese «clic».

Algunas personas insisten en centrarse en la realidad actual. Pero si esa realidad no te gusta, debes recordar que es temporal, un reflejo de las malas costumbres, hábitos y acciones y de los patrones de pensamiento que has tenido en el pasado. Si te libras ya de esos viejos condicionamientos, comenzarás a crear hoy mismo la realidad que deseas.

Yo he desarrollado un hábito que consiste en preguntarme: ¿quiero que lo que estoy pensando ahora determine mi futuro? Si mi respuesta es «no», pongo todo de mi parte para cambiar deliberadamente ese pensamiento. Porque **los pensamientos se pueden sustituir**. Podemos cambiar uno que nos perjudica y nos lastra por otro que nos da tranquilidad y nos sirve para avanzar con más fuerza. ¡No hay nada malo en hacerlo y forma parte de nuestra libertad de elegir!

Por lo general, no elegimos nuestros pensamientos, sino que son los demás quienes lo hacen por nosotros. ¿Qué piensas que hacen las campañas publicitarias? Están ideadas para meterte pensamientos que te lleven a la acción que les interesa a sus creadores, es decir, a comprar el producto que anuncian. Lo que ahora te pido es que, a través del **pensamiento deliberado**, seas tú quien decida qué pensar y quien influya en ti mismo.

Tus pensamientos crean tu futuro, que, en función de ellos, puede ser bonito y saludable o todo lo contrario. Tú eres la única persona que puede cambiar lo que piensas sobre los demás, sobre tus experiencias y sobre ti mismo. **Si tú decides no hacerte daño, nadie puede hacértelo.** Cuando creas diariamente una mente en paz, tienes paz y felicidad en tu vida.

«No hay barrera, cerradura ni cerrojo que puedas imponer a la libertad de mi mente».
VIRGINIA WOOLF

No importa lo que pasó ayer, cada día es un comienzo nuevo repleto de posibilidades. La clave está en entrenar nuestro cerebro para que piense en lo que queremos que suceda y no tanto en lo que ocurrió o puede ocurrir. **«En mi vida viví muchas desgracias, la mayoría de ellas no sucedieron»**, dijo Michel de Montaigne al final de sus días. Muchas de las fantasías catastróficas que inventa tu mente no son más que imaginaciones nefastas, de modo que te conviene hacerlas desaparecer porque son del todo incompatibles con tu felicidad.

En ocasiones quizá te parezca que careces del poder de elegir lo que piensas, pero no es así. ¿Cuántas veces alguien te ha dicho algo positivo sobre ti o sobre tu vida y te has negado a aceptar ese pensamiento? Pues del mismo modo puedes negarte a aceptar un pensamiento negativo. Todo comienza en tu mente, por lo que, si no la entrenas, te resultará muy difícil ser feliz. De ahí que sea tan importante considerar que **tu mente es un poderoso instrumento a tu servicio** y no al revés, ya que a ella no le importa lo más mínimo que seas feliz, solo le importa que sobrevivas. «Tranquilo, Curro, no es para tanto, todo está bien, esto se va a solucionar», me suelo decir cuando me siento perturbado.

El problema es que tu mente subconsciente tiene grabadas a fuego creencias que generan pensamientos automáticos, los cuales, a su vez, moldean tu futuro porque te obligan a actuar de una manera determinada. Si tus creencias son positivas, tu mente producirá **pensamientos automáticos placenteros y felices** que te harán avanzar hacia esa realidad concreta. Pero si tu subconsciente está lleno de creencias nefastas, como «las cosas siempre me salen mal», «nunca tengo suerte con los hombres», «la gente no es buena» o «los ricos son malos», más te vale cambiarlas, porque son el filtro de tu realidad y eso es lo que verás en tu vida.

El mundo no es como tú lo ves, es mucho más. Mientras más abras tu mente, más podrás ver.

EL PODER DE LAS EMOCIONES POSITIVAS

Sentir un profundo amor por la vida es beneficioso tanto para tu salud como para la de las personas que te rodean. Un poco de tristeza, de miedo, de ira o de resentimiento puede ser muy necesario y beneficioso en un momento determinado, pero si estas emociones tóxicas nos dominan, pueden tener unos resultados devastadores: son capaces de destruir nuestras vidas.

¿Cuántas relaciones de pareja que podrían haber sido maravillosas se han ido al traste por culpa del mal genio o los ataques de ira de uno de sus integrantes?, ¿cuántas enfermedades psíquicas y físicas tienen su origen en un resentimiento que se alarga en el tiempo?, ¿cuántas personas caen en la depresión porque no gestionan la tristeza en sus primeras etapas?

Si un día sientes mucha ira, no es grave. Pero si una persona vive enfadada con el mundo o todos los días está triste, ¡puede acabar sola y deprimida! Así que más vale que te pongas manos a la obra.

No digo, ni mucho menos, que debas tener miedo a las emociones negativas. De hecho, el primer paso para **vencer el miedo** es no darle importancia. ¡No pasa nada, es solo miedo! Muchas personas huyen de sus emociones negativas y no entienden que **permitirnos sentir lo que sentimos**, aunque no nos guste, es el primer paso para liberarnos de ellas. Quítale importancia al miedo y verás cómo ese dolor empieza a desaparecer: «Sí, siento miedo, ¿y qué? Este miedo no va a condicionar mi vida, y sé que va a desaparecer pronto». Incluso puedes hablar con él: «Miedo, te estoy viendo, pero esta vez no pienso hacerte ningún caso».

Así, **guías conscientemente tu diálogo interior y te liberas del miedo**. Es lo que propone la terapia cognitivo-conductual, creada por Albert Ellis y seguida por psicólogos y terapeutas de todo el mundo por su demostrada eficacia. Por eso, para alejar lo que te perturba, tienes que interpretar las cosas de una manera diferente, de una manera positiva o racional.

«No nos perturba lo que nos sucede, sino nuestra interpretación acerca de lo que nos sucede».
EPICTETO

Si eres una de esas tantas personas a las que les cuesta escapar de sus pensamientos recurrentes de miedo, inseguridad y baja autoestima, te recomiendo encarecidamente que sigas al pie de la letra la técnica del folio en blanco.

La técnica del folio en blanco

En la tarea de cuidar mi diálogo interior, siempre me ha ayudado muchísimo escribir en un folio **afirmaciones positivas y pensamientos agradables**. Esta sencilla técnica me permite ver la situación que me hace daño desde otra perspectiva. Tú puedes hacer lo mismo: cuando te inquieten o acosen los pensamientos recurrentes generados por alguna situación de tu vida, deja todo lo que estés haciendo y, acto seguido, toma un bolígrafo y unos folios (o tu libreta de crecimiento personal). Te recomiendo que busques un lugar agradable que te guste mucho (en mi caso, mi lugar preferido es una cafetería con vistas a la Gran Vía de Madrid) y apagues el móvil.

Responde a una serie de preguntas que irás escribiendo en la página y reflexiona sobre tus respuestas.

1. **«¿Qué ha pasado y cómo me siento?».** Describe la situación y la emoción que estás sintiendo.

2. **«¿Qué estoy pensando para sentirme así?».** Al escribirlo, verás sobre el folio qué es exactamente lo que te está haciendo daño. ¡Detalla los pensamientos que te están perturbando!

3. **«¿Cómo podría enfocar esta situación de una forma totalmente diferente y que no me haga tanto daño?».** De ese nuevo y poderoso enfoque dependerán tu felicidad, tu salud y tu bienestar.

4. **«¿Qué otros argumentos se me ocurren para percibir lo que ha sucedido o lo que me ocurre de una forma más positiva o racional?».** Detalla todos los pensamientos que se te ocurran que pueden ayudarte a salir de lo que yo llamo *el agu-*

jero negro emocional. Es importante que tengan sentido y sean creíbles para ti, que tu cerebro pueda aceptarlos. Se trata, simplemente, de ver la situación con otra mirada más positiva. No basta con un par de argumentos: tienes que escribir entre doce y veinticinco como mínimo. Y recuerda lo más importante: se te ocurrirán, posiblemente, argumentos que podrían llevarte directamente de nuevo al agujero negro emocional. Pero el ejercicio consiste en no hacer caso a esos argumentos, por muy lógicos y demostrables que sean. Que sí, que puede que tengas razón, pero... ¡Lo que buscas es sentirte bien!; céntrate solo en aquellos pensamientos positivos que te eleven y te ayuden a ver la situación desde otra perspectiva. Cada vez que te lleguen argumentos que no te interesan, repite: «Ahora elijo ver las cosas desde otra perspectiva», y regresa de nuevo, como si de un entrenamiento mental se tratara, a los pensamientos positivos.

Tras escribir esos argumentos, algo en ti irá cambiando e irás sintiéndote mejor. Y al sentirte mejor por dentro, también irá cambiando lo que te rodea. Por ejemplo, quizá te abras a la posibilidad de aceptar la invitación al cine de una amiga y veas una película de la que saques una frase que te sirva para tu vida. Pueden pasar otras muchas cosas, incluso que te quedes en casa, pero el hecho de sentirte bien hará que te abras a la vida y, así, estarás creando una realidad diferente.

---

5. ¡Agradece! Escribe entre cinco y diez cosas que te hayan pasado hoy o a lo largo de la semana por las que quieras dar las gracias. Valen tanto la sonrisa de la panadera de la esquina como que tu madre te haya preparado tu plato favorito. ¡Puedes agradecer cualquier cosa, incluso el hecho de vivir! Como comprobarás, te sentirás mucho mejor inmediatamente, ya que el agradecimiento es una emoción de energía alta totalmente incompatible con otras como el rencor o la frustración.

¡Es maravilloso! ¡Lo has logrado! ¡Has conseguido lo más importante de la vida: pasar de sentirte fatal a estar genial! Y aunque solo te notes un poquito mejor, es un logro muy importante, pues has salido del agujero negro emocional en que te hallabas.

Ahora, mantén en tu mente todos los argumentos que te hacen sentir bien, no los que te perturbaban. Como acabas de recuperarte, debes estar muy alerta para que esos pensamientos destructores no se cuelen de nuevo en tu vida. Un paciente al que le acaban de dar el alta en un hospital tiene que cuidarse mucho en los días posteriores, ¿no es verdad? Pues tú exactamente igual, pero, en este caso, a nivel mental.

Hace años aprendí que **ser adultos implica saber tranquilizarnos a nosotros mismos** y no estar siempre a la espera de que otros nos consuelen. El problema es que muy pocas personas se entrenan para cambiar cómo se sienten. Normalmente, entramos en un estado emocional o en otro sin ningún tipo de decisión por nuestra parte. No hacemos gran cosa por entrar en estados potenciadores. Los humanos destacamos por nuestra inteligencia y, sin embargo, qué pocas veces la empleamos para ser más felices y escapar de estados emocionales limitantes y que nos hacen sufrir. ¿Cómo es posible, si no, que tantísimas personas consuman antidepresivos, pastillas para dormir o ahoguen sus penas en alcohol, drogas o exceso de comida? ¿Cómo puede ser que siga aumentando el número de suicidios en el primer mundo?

Tienes que saber identificar qué emociones te dan más fuerza y cuáles te quitan toda la energía. Descubre qué es lo que las dispara, de modo que las emociones no te limiten, sino que, al contrario, te ayuden a desarrollar tu potencial.

Si eres consciente de lo que sientes, sabrás si estás pensando en positivo o negativo y sabrás si avanzas hacia lo que quieres o te alejas.

Las emociones son como las emisoras de radio, en cada una oyes algo diferente y, según tu estado de ánimo, te conectas a una u otra. Con tus emociones sucede algo parecido: si te conectas a la emoción de la alegría, el amor o el agradecimiento, la realidad que ves y escuchas es diferente y te gusta muchísimo más que si eliges la ira, la envidia, el rencor o el resentimiento.

LAS EMOCIONES SON BUENAS MAESTRAS

No temas ninguna emoción, porque todas ellas, sobre todo las que te hacen sufrir, llegan a ti para enseñarte algo, un mensaje que puedes averiguar con mayor facilidad cuando has salido del agujero negro, es decir, una vez que has vuelto a conectarte con tu **yo esencial** y has recuperado **tu felicidad** y **tu paz interior**.

¿Qué mensaje tiene esta emoción para mí? Puedes hacerte esta pregunta una vez que la emoción haya pasado. Y así descubrirás qué quería decirte la vida con ella. Eso sí, **hay que ser muy honesto** con uno mismo para lograrlo. Supón que el mensaje que la emoción te transmite es que eres muy cabezota, que careces de autoestima, que valoras tu opinión menos que la de los demás, que te has comportado de forma poco generosa o que acumulas heridas del pasado que aún no están cerradas. Lo que sea, da igual. Tienes dos opciones: seguir como hasta ahora o **cambiar**. Si sigues como siempre, no habrás aprendido la lección y la situación se volverá a repetir tarde o temprano. Pero si cambias, si enfocas la situación de forma diferente o realizas una acción que no habías emprendido antes, habrás aprendido la lección que la vida quería darte.

Toda mi vida he ido atravesando puertas giratorias. Y, tras pasar por cada una de ellas, he llegado a un lugar nuevo, un sitio en el que había más luz, más claridad, más felicidad y conciencia que en el anterior. Pero entonces comprendía que tenía que atravesar otra puerta, y otra, y otra, y a medida que avanzaba iba viendo más. Un día, finalmente comprendí lo más importante: jamás voy a llegar a un final en el que no haya más puertas que atravesar.

¡En la vida siempre hay nuevos lugares a los que llegar!

Para que podamos atravesar una nueva puerta es necesario hacer un aprendizaje, porque, de lo contrario, no se abrirá y nosotros no podremos pasar. Por eso, cada vez que tengas una emoción negativa, pregúntate: ¿qué trata de enseñarme la vida a través de esta emoción?

Pero aunque la puerta se abra y te permita el paso, necesitarás **valentía** para atravesarla, pues nunca sabrás con seguridad qué hay al otro lado.

Me apena mucho cuando veo a alguien que sabe lo que realmente le conviene, y cuál es el siguiente paso que le toca dar, y no se atreve a avanzar o no alcanza la determinación necesaria para hacerlo. ¿Conoces a alguien que es muy infeliz en su relación de pareja desde hace años pero sigue con ella porque no se atreve a salir de su zona de confort? ¿O que tiene un trabajo del que se queja todos los días porque no le gusta nada, pero que deja pasar los meses y los años sin buscar otro mejor? Al principio de mi trabajo como coach, yo sufría mucho cuando presenciaba estas y otras muchas cosas. Tardé años en aprender que **cada persona tiene su camino** y que cada cual decide cuándo y hasta dónde.

He conocido a varios homosexuales que no salían del armario para no hacer sufrir a sus padres. Aquellos que superaron el miedo comprobaron que, aunque al principio estos lo pasaran mal en algunos casos, después todo era mejor para la familia, tanto para los padres como para ellos mismos. Porque el favor mayor que puedes hacer a tus padres es **ser feliz**, y es imposible conseguirlo si vas en contra de tu yo esencial, de tu alma, de tu ser interior o como quieras llamar a aquello que verdaderamente eres.

Tus emociones te muestran el camino.

LO QUE ES BUENO PARA TI LO ES PARA LOS DEMÁS

En una sesión, acudió a mí un hombre alto, fuerte, guapo, inteligente y con un puesto de trabajo altamente cualificado..., pero que aún no había aprendido lo más importante. Estaba a un paso de su felicidad y, al mismo tiempo, podía echarlo todo a perder por miedo. Una situación así es muy triste, y más aún cuando lo que está en juego es una **vida realmente maravillosa**, que puede llegar a verse destruida por un pensamiento irracional y limitante.

Los pensamientos limitantes más peligrosos se sostienen en argumentos lógicos porque la persona los puede razonar. Y eso era lo que ese hombre intentó una y otra vez: explicarme sus muchos argumentos, que demostraban que lo que decía era verdad, que hacer lo que su corazón deseaba con todas sus fuerzas podía perjudicar a una persona a la que quería. Pero aquello que deseaba hacer no era un capricho de su ego o algo que se le hubiera ocurrido de un día para otro, sino algo que su corazón y su alma le estaban pidiendo a gritos y de lo que dependía su realización, su felicidad y su vida.

Intenté explicarle que en la vida no hay garantías, y que debemos avanzar incluso cuando el riesgo de que nos suceda algo a nosotros o a los demás pueda ser real. Porque **vivir es arriesgar**, y no podemos encerrar a las personas que queremos en una urna de cristal para que no les ocurra nada. A continuación, me centré en explicarle un principio muy sencillo: lo que es bueno para ti lo es también para la persona que quieres.

Lo mejor que puedes hacer por ti
y por quienes te aman es ser feliz y realizarte.

Nuestro sufrimiento nunca va a beneficiar a quienes nos aman. **Sufrir para hacer feliz a quien se quiere es un error**, por mucho que esa infelicidad pueda parecer que beneficia a alguien en el presente, como le sucedía al hombre del ejemplo. El mayor regalo que podemos hacer a quienes queremos es ser íntegros, confiar y comprometernos con la honestidad.

Yo ya he ayudado a ese hombre todo lo que podía. Que escoja un camino feliz o desgraciado depende de él mismo. En las dos vías encontrará dificultades que tendrá que vencer. En una de ellas, esas dificultades lo harán avanzar y conseguirán que la vida tenga sentido; en la otra, lo harán desgraciado. El que confía en lo desconocido se atreve a avanzar.

No sé finalmente qué hará esta persona, porque aún no ha resuelto su dilema cuando escribo estas líneas, pero puedo decir que soy inmensamente feliz cuando trabajo con alguien dispuesto a hacer los cambios que la vida le reclama. Porque **la vida es movimiento**, y si no te mueves cuando te lo pide, te estancas y sufres.

María, de treinta y cinco años de edad, tenía un matrimonio muy desgraciado y acudió a mí en busca de ayuda. Su marido y ella ya no se querían, y vivía instalada en una tristeza densa, paralizante y angustiante que no se le iba desde hacía meses. El sentido de su vida se había esfumado. Estaban aburridos el uno del otro y, aunque ella lo había intentado todo para recuperar la pasión, esta se alejaba cada vez más. Intenté explorar si aquella pareja estaba acabada o podría tratarse de una crisis, pero entonces ella me aseguró que nunca había estado enamorada de su marido. De hecho, me confesó entre lágrimas que en realidad nunca había amado a nadie y que eso, estar enamorada, era lo que más deseaba.

Ella tenía claro que quería separarse, pero todo tipo de miedos bloqueaban ese deseo. Por su mente pasaban todo tipo de ideas catastróficas: qué ocurriría si daba el paso, qué sería de su pobre marido si ella se marchaba, qué dirían su padre, muy estricto y chapado a la antigua, y su madre... Tuve que hacerle entender algo esencial: si para ti es bueno que te separes, también lo es para tu marido. **No se le hace un favor a alguien a quien se quiere continuando a su lado por pena o compasión.** ¿Tú querrías que alguien siguiera contigo porque le das pena? ¡Yo no!

Trabajamos sus miedos y sus creencias limitantes por medio de conversaciones poderosas, meditaciones guiadas, visualizaciones y afirmaciones positivas, entre otras herramientas. Hasta que, un día, María me dijo que iba a divorciarse. Para mí fue un momento muy emocionante, como lo es siempre ser testigo de cuándo alguien **vence sus miedos**. Semanas después, se divorció y se trasladó a un flamante piso nuevo para ella sola. En un mes, María empezó a salir con un hombre del que se enamoró locamente. Se fueron a vivir juntos. Ahora, los dos se han comprado una casa y planean tener hijos.

María apostó por su vida... y la vida la recompensó. Como ella, si decides apostar por tu vida incondicionalmente, tendrás que aprender las lecciones que la vida trata de enseñarte y, con valentía, pasar por las puertas giratorias que te irán llevando a nuevos lugares, a nuevos aprendizajes y, en definitiva, a más amor, porque **el amor es el único y verdadero final al que se puede aspirar**.

¿Y qué hago si no soy valiente? Actúa como si ya tuvieras lo que quieres o como si ya fueras quien deseas ser.

«Si no eres valiente, actúa como si lo fueras.
Porque, si actúas como si lo fueras,
llegarás a serlo».
ARISTÓTELES

La calidad de nuestra vida es la calidad de nuestras emociones. Por eso todos los seres humanos, de cualquier edad, país o condición, queremos sentirnos bien. Todos queremos sentir pasión, poder, fuerza, confianza, alegría interior, amor y felicidad.

Hay quien dice que las emociones, incluso las más tóxicas, siempre son positivas. No estoy de acuerdo. Quizá lo sean si te enseñan a ser más consciente y a quererte más, pero jamás lo serán si te enganchas a ellas. Estoy firmemente convencido de que podemos aprender a ser más conscientes y superar los retos que nos encontremos sin necesidad de sentir emociones que nos intoxican.

Es cierto que muchos maestros espirituales han llegado a serlo después de superar grandes traumas, vivir muchas noches oscuras del alma y sentir un inmenso dolor. Mucha gente despierta después de un gran sufrimiento. Yo mismo he sufrido mucho antes de aprender algunas lecciones. Pero esa no es nunca la única vía. **Se puede aprender desde el amor y la felicidad: esa es mi propuesta.**

De hecho, si te fijas, todo lo que haces tiene ese fin último: sentirte bien. Llegados a este punto, es necesario **distinguir entre la verdadera felicidad y el placer a corto plazo**. Cuando te pegas un atracón de galletas con chocolate, en realidad te alejas de la verdadera felicidad. Consigues un placer instantáneo, pero, minutos después, compruebas que no has avanzado en el camino hacia ella. Lo mismo pasa con las drogas o con el exceso de alcohol, que es la vía elegida por la mayoría de las personas en una cultura que lo celebra prácticamente todo con bebidas alcohólicas.

Es esencial que siempre elijas **vías saludables para sentirte bien**, porque no te amas cuando perjudicas tu salud. Hay muchas maneras para lograr sentirse bien, pero la más efectiva es la gestión del pensamiento. Ya te he explicado fórmulas para gestionar el pensamiento basadas en el **diálogo interior**, realmente imprescindible para la felicidad, y más adelante te presentaré otras herramientas complementarias.

La vía más efectiva para sentirte bien es siempre el amor a ti mismo.

Si te sientes bien en tu interior, llegan a tu cabeza acciones inspiradas que te llevan al lugar al que deseas, en un porcentaje mucho mayor que las acciones no inspiradas, es decir, los palos de ciego que tantas veces damos desde el miedo. Por eso, antes de emprender cualquier acción, **procura sentirte bien o conectarte de nuevo contigo mismo** y así te ahorrarás muchos errores. Porque las ideas y pensamientos que te llegan cuando te mueves desde el miedo, la rabia o el resentimiento nunca son tan beneficiosas y satisfactorias como las que te llegan cuando sientes templanza, fe, contento interior, satisfacción y felicidad.

Las emociones positivas te permiten disfrutar de la vida. Por eso, si las pierdes, lo más importante es volver a recuperarlas. Cuando te sientes bien, tu pareja te parece más atractiva, la gente te cae mejor, eres más ocurrente, muestras más comprensión hacia los demás, crees en tus sueños y tienes ganas de hacer deporte o cuidar tu alimentación.

Cuando te sientes bien, todo lo ves de otra forma, avanzas mucho más rápidamente hacia tus sueños y, además, tu salud se beneficia.

¿CÓMO INFLUYEN LAS EMOCIONES EN MI SALUD?

«Las emociones contribuyen al riesgo de enfermar —me contó Odile Fernández, médico de familia y superviviente del cáncer—. El problema es que en las facultades de Medicina no se habla de la importancia de las emociones en la curación y en la prevención de enfermedades. Pero hay mucha información científica sobre cáncer y emociones, y esa información tiene que llegar a la población». Odile superó dos cánceres, ¡dos!, después de que los médicos le explicaran de la forma más elegante posible que iba a morir. De hecho, sus oncólogos calificaron su sanación de «milagrosa». Pero ¿qué hizo ella para que fuera posible el milagro? Apostó totalmente por una **alimentación saludable**, practicó **deporte**, empezó a hacer **yoga** y **meditación**, a cultivar **pensamientos positivos** y a aprender sobre el maravilloso mundo de la **gestión emocional**. Comprendió que necesitaba hallar mucha **paz interior** para permanecer calmada y permitir que su cuerpo pudiera colaborar y sanar. Y sanó. Otros no lo consiguen, es cierto, pero todo lo que Odile hizo aumenta muchísimo las posibilidades de sanar.

«¡¿Cómo?! —exclamé incrédulo—. ¿Me estás diciendo, Odile, que las emociones influyen muchísimo en la salud y que en toda la carrera de Medicina no se habla sobre ello?». Odile sonrió mientras afirmaba con la cabeza: «**Hay que cuidar las emociones**, Curro. Es importante tener una mente sana. Cada año la medicina es más consciente de cómo influyen los pensamientos en cómo enfermamos. Gracias a la psicoinmunología, hoy sabemos que tus pensamientos influyen mucho en tu sistema nervioso, en tu sistema inmune, en el riesgo de que haya inflamación o no... Cuando una persona tiene mucho estrés, aumenta la frecuencia cardíaca e hipertensión a la larga, los niveles de azúcar en sangre se disparan, nuestra respiración se altera, las suprarrenales empiezan a producir cortisol y adrenalina que inmunodeprimen el organismo e inflaman, al mismo tiempo que se dan problemas de memoria, de sueño, de inmunodepresión...».

Tus pensamientos y emociones tienen mucho que ver con tu salud.

¡Y todo esto no se explica a los futuros médicos! En realidad, es algo obvio: ¿cómo se encuentra tu cuerpo después de varios disgustos o de una temporada de mucho estrés? Para comprobar que la mente y el cuerpo están conectados solo tienes que pensar en tu último dolor de cabeza o de estómago. No es nada raro comprobar en primera persona que los nervios o el estrés —el miedo provocado por pensamientos negativos ante el futuro— influyeron en él.

Cuando yo vivía en Córdoba, donde estudiaba Derecho, tenía recurrentes dolores de cabeza y llegué a pensar que había heredado las jaquecas crónicas de mi tía. Cada dos por tres, me dolía la cabeza. Pues bien, se acabaron cuando me trasladé a Madrid, empecé a estudiar una carrera que me gustaba y empecé a sentirme más libre. Literal: llevo quince años viviendo en Madrid y nunca más me ha dolido la cabeza. Experimenté, sin saberlo, **la magia de la gestión emocional**. Ahora sé que mi cuerpo me decía que mi lugar no estaba en Córdoba estudiando Derecho, sino que yo tenía que volar más lejos, a una ciudad grande como Madrid, y dedicarme a otra cosa.

¿Sabes lo que es una enfermedad psicosomática? Es una enfermedad generada por la influencia de la mente sobre el cuerpo. Los pensamientos de infelicidad, por ejemplo, pueden ser la causa: si somos infelices un día, no pasa nada, pero, si sufrimos durante años, nuestra salud estará en riesgo.

Por si mi caso no te parece sorprendente, te contaré la historia de mi queridísima tía Emilita, una de las mujeres más buenas que conozco, que lleva con intensas jaquecas más de veinte años. Después de haber visitado a más de cincuenta médicos, aún sufre esos terribles dolores de cabeza, que la dejan tumbada en la cama durante días y, en ocasiones, incluso han hecho que sea hospitalizada. Los médicos nunca han hallado la explicación a sus males, que podrían atribuirse a una enfermedad psicosomática.

El año pasado, tuve una conversación muy seria con mi tía. No sé cómo lo conseguí, pero logré convencer a su mente de que esas jaquecas no tenían por qué darse más. ¡Mi tía llegó a creer que podría curarse! Y se curó. Yo regresé a Madrid y me centré en mi trabajo. Un mes más tarde, mi prima Marta me escribió un mensaje. Su madre le había contado lo que habíamos hablado y quería agradecérmelo, pues llevaba un mes entero sin jaquecas, algo que no había sucedido en los últimos cinco años. Hasta el día de hoy, un año después, mi tía Emilita no ha vuelto a sufrir esos fortísimos dolores, pero espero que sea consciente de que debe seguir trabajando en su mente para **alejarse de todas las preocupaciones** y seguir convenciéndose de que es posible para ella vivir libre y feliz.

Con todo esto, quiero que entiendas que el poder de nuestra mente sobre nuestra salud es enorme. Cuantos más beneficios sepa tu mente que va a sacar de la felicidad, más pondrá de su parte y más te ayudará a mantener tu paz interior.

Declara:
Mi paz interior no es negociable.

EL EFECTO PLACEBO

La ciencia reconoce la existencia del efecto placebo. No es otra cosa que sanar gracias a la creencia de que algo externo puede curarte, aunque en realidad no sea más que un terrón de azúcar. Hay estudios científicos en los que se demuestra que pacientes se curaron con una pastilla vacía porque les dijeron que era un medicamento eficaz y realmente creyeron que podía curarlos. Ahí reside el inmenso valor de algunas terapias alternativas: te ayudan a creer que puedes sanar. Pero lo importante no es la terapia alternativa, sino que tú llegues a creer que puedes curarte. Por tanto, si tú llegas a creer que puedes curarte por ti mismo de algo, solo con tus pensamientos, aumentas mucho las posibilidades de conseguirlo. El poder de la creencia y de la autosugestión es enorme.

Las **emociones positivas**, una consecuencia directa de las creencias y pensamientos positivos, influyen mucho en una **buena salud**. Pronto nadie cuestionará que también facilitan muchísimo la consecución de los sueños. Porque, cuanto mejor te sientes, mejores cosas atraes y más dispuesto estás para alcanzar tus deseos.

Así que ten esto en cuenta: cada vez que te enfadas, sientes ira o resentimiento, pierdes los papeles, te estresas, juzgas o criticas, te alejas de la salud óptima y te acercas a la enfermedad.

Y, además, te alejas de tus sueños y deseos. «¿Es que no tengo derecho a enfadarme?», protestan algunos. Sí, lo tienes, pero al decantarte por las emociones negativas te alejas de tu felicidad, de tu salud y de tus sueños. En esta vida siempre hay que elegir.

Si eliges sentirte bien, unas veces lo conseguirás y otras no. Pero serás consciente, según cómo te sientas, de cuándo te estás alejando de tu salud, de las personas que quieres, de tus sueños y de ti mismo. Y sabrás que **aprender a sentirte bien es tu mayor reto y tu principal cometido.** Escojas la vía que escojas para llegar a conseguirlo (correr, saltar, bailar, llamar a tu mejor amiga, visitar a un coach, acudir al psicólogo, ir al cine, hacer constelaciones familiares, o lo que decidas), lo decisivo es lo que llegues a pensar y a creer.

Para sentirte bien, escoge pensamientos agradables sobre tu vida y tu presente.

ELIGE TU VERDAD

A mi consulta llegan todas las semanas personas que me dicen cosas como estas:

- «Quiero conseguir (tal cosa), pero sé que es imposible».
- «Quiero tener pareja, pero no es fácil conocer a otras personas y no voy a recurrir a una aplicación de citas, ¿qué dirían los demás?».
- «Soy demasiado mayor para encontrar un trabajo».

- «Es muy difícil cambiar».
- «No puedo olvidar a mi ex tan fácilmente».
- «Quiero adelgazar, pero no me gusta hacer ejercicio físico ni las verduras».

Son sus **creencias** y sus **verdades**. En general, casi nunca se han parado a cuestionarlas, ni siquiera cuando están limitando a esas mismas personas y alejándolas de todo lo que desean.

¿Qué es verdad y qué no lo es? Nunca podremos saber con total seguridad que estamos en lo cierto, si nuestras creencias son verdaderas o falsas. Pero sí podemos preguntarnos si nos estimulan o no, si nos elevan o no, si nos sirven para vivir mejor o no, si nos enriquecen o no, si nos ayudan o no.

La verdad se puede elegir. Sí, se puede. «Pero ¿cómo?», te imagino diciendo. Puede ser elegida conscientemente. Muchas veces queremos cambiar un comportamiento, pero nos cuesta entender que es imposible hacerlo de forma sostenida en el tiempo si no cambiamos la creencia que está detrás de él. Porque si modificamos el comportamiento a través de la fuerza de la voluntad sin cambiar la creencia, regresaremos a él tarde o temprano.

¿Qué creencias y verdades necesitas cambiar para que tu vida funcione mejor?

Nuestra mente es muy permeable, sobre todo cuando somos niños. Desde muy pronto, empiezan a quedarse grabadas en nuestra mente verdades y creencias de la sociedad en que vivimos y de otras personas. Solo tienes que echar un vistazo a las diferentes costumbres que hay en otros lugares del mundo (horas de comida, tipos de desayuno, estilo de vida, etcétera). Verás cosas que a tu mente le parecerán rarísimas, pero que en realidad no lo son. Simplemente, tus creencias son diferentes de las de aquellas personas. **Tus gustos están muy influidos por tus creencias.**

Imagina que tu mente es como un huerto. Si alguien planta en ella una idea que llega a convertirse en una verdad o en una creencia, esta dará sus frutos con el tiempo. Por eso, si descubres que algo de tu vida no te gusta, tienes que ir a la raíz e investigar cuál es la creencia o verdad que hay en tu mente, para arrancarla y poder plantar en su lugar otra semilla nueva.

Desde tu infancia, en tu mente se desarrollaron creencias y verdades que otros plantaron. Plantéate si esas creencias o verdades son buenas para ti o no.

¿Te has parado a pensar que algunas de las verdades que consideras incuestionables tal vez no lo serían si hubieras nacido en un país con otra cultura distinta? ¿Sabías que por nacer en una familia concreta tienes unas verdades y no otras? ¿Eres consciente de que algunas de las verdades que te incomodan están ahí, en tu mente, porque te las transmitió alguien —tus padres, un profesor decepcionado con la vida, tus amigos...— y que igual a ti ya no te sirven? ¿Te das cuenta de que algunas verdades se transmiten de generación en generación por vía familiar o incluso por los genes?

¿Qué te decían cuando eras pequeño o qué escuchabas en casa sobre el dinero, el amor, el trabajo o la vida en general? ¡Escríbelo! **Descubrirás las creencias que están manejando pode-**

rosamente tu vida sin que te des cuenta. Supón que tienes seis años y paseas con tu padre por la calle. De pronto, pasa ante vosotros el mejor coche que hayáis visto jamás. Y entonces tu padre dice: «Los ricos son todos unos ladrones». El coche se va y vosotros seguís paseando como si nada, pero sí ha ocurrido algo: en tu mente subconsciente se ha grabado una idea que quizá condicione tu vida entera, porque inconscientemente no querrás enriquecerte para no ser un ladrón. Ser rico no es ni bueno ni malo. Hay millonarios que son buenas personas y gente pobre que comete atrocidades. Y si tu asociación con el dinero es negativa, quizá, en tu vida adulta, encuentres ese freno subconsciente para prosperar en tu profesión.

O tal vez tu madre, un día que se sentía desbordada, te dijo que eras malo, un inútil o un gamberro cuando tú solo estabas jugando. Y hoy en día te consideras poco valioso porque esas palabras se te quedaron grabadas.

Desde luego, **nuestros padres no son culpables.** Al contrario, siempre debemos estarles agradecidos porque nos han dado lo más importante del mundo: la propia vida. Sin ellos, no existiríamos. Lo aclaro porque, en este punto, algunas personas acusan a sus padres de sus desgracias con mucho resentimiento. No es una buena idea. En primer lugar, porque nuestros padres vivieron una época diferente a la nuestra, con una manera de pensar y una educación también diferentes. Y, en segundo, porque actuaron lo mejor que pudieron con el conocimiento, la información y el nivel de conciencia que tenían. Ellos **querían tu felicidad**, se equivocaran o no. Efectivamente, tus padres influyeron mucho en tus creencias actuales.

Si eres padre o madre, diles a tus hijos muchas veces que son valiosos, fuertes, capaces, únicos.

Yo he tenido bastante suerte con el ejemplo de mi padre, porque ha sido una persona bastante feliz, que no se quejaba casi nunca y ejercía su trabajo y su vida con una gran **responsabilidad**. También me ha regalado algunos hábitos muy buenos: el del trabajo bien hecho, la lectura diaria, el acostarme temprano por las noches y la puntualidad. Y aunque he tenido que trabajar muchísimo para cambiar ciertas creencias que descubrí que me venían directamente de él y que a mí no me beneficiaban, las **cosas buenas** que he heredado de él son muchas más. Y lo mismo con mi madre. Sin embargo, otras personas no tienen tanta suerte y sus padres les han inculcado creencias que las perjudican o limitan.

Sea como sea, ahora ya sabes que tu felicidad depende exclusivamente de ti, así que lo que te toca es ponerte manos a la obra.

Cambia las verdades y creencias que te impiden cumplir con tu propósito de vida.

Imagina que esta es una de tus verdades: «Cuando llegas a los setenta años de edad, todo empieza a ir cuesta abajo y ya no puedes dedicarte profesionalmente a lo que amas». Si Alejandro Jodorowsky lo hubiera pensado, no habría actuado de pie a sus ochenta y ocho años en un teatro de Madrid ante cientos de personas. Y Manoel de Oliveira no habría podido dirigir su última película a los ciento cuatro años.

Algunas personas me dicen: «Entiéndeme, Curro, esto es la realidad». Siempre les contesto lo mismo: vemos el mundo a través de nuestras creencias. Según la neurociencia, **el cerebro filtra la realidad según las creencias** instaladas en él. A más de uno nos ha pasado, por ejemplo, que nos hemos comprado una bicicleta y hemos visto bicicletas por todas partes. Y recuerdo que cuando mi hermana se quedó embarazada empecé a ver más mujeres embarazadas que en toda mi vida. Las creencias limitantes de la sociedad, de nuestro país, de nuestra familia, de nuestros padres, de nuestros amigos, de nuestros profesores, se nos quedan pegadas. Y cuando una verdad se adhiere fuertemente, es difícil quitársela de encima, sobre todo porque ni siquiera la cuestionamos. Por eso, **cuestiona todas las verdades que ya no te sirvan** para vivir tu vida, que no te den fuerza o no te valgan para aumentar tu salud, tu confianza y tu felicidad.

Una verdad limitante puede impedirte hacer realidad tus sueños, crecer como persona, cuidarte, ser feliz y hacer amigos nuevos.

Recuerdo la primera vez que les dije a mis queridas sobrinas Blanca y María que se podía elegir la verdad. ¡Se quedaron asombradas! No le des tanta importancia a lo que tu cerebro hoy por hoy te dice que es verdad. ¿Cuántas veces te ha pasado que pensabas que algo era cierto y luego, con el tiempo, descubriste que no lo era o llegaste a ver la situación de otro modo? Lo que te propongo es sencillo: **escoge las verdades que te interesen** para llegar al lugar al que quieres llegar y no las dejes al azar. Reflexiona sobre si una verdad te resulta beneficiosa; si no lo es, ni para ti ni para los demás, simplemente déjala marchar. En el mundo hay sitio para todas las creencias: no te pelees con quien piense diferente. No tienes por qué destruir las verdades que no te sirven o te gustan —todas las ideas pueden coexistir, y las que no te sirvan a ti pueden ser útiles para otra persona—, pero tampoco tienes que cargar con ellas.

En una ocasión, quedé para tomar un café con un escritor muy culto con el que compartí cosas en el pasado y al que siempre le tuve mucho cariño. Llevábamos años sin vernos y yo había cambiado mucho. Poco a poco, empecé a encontrarme mal. ¿Adivinas cuál era una de sus verdades? «La vida es una mierda». Estaba convencido de ello y lo razonaba con argumentos sumamente inteligentes. ¡Y tenía mucha razón en lo que explicaba! Pero, evidentemente, no se había preguntado en qué le beneficiaba esa creencia. Yo le dije **mi verdad**: «La vida puede ser maravillosa». Y nos enzarzamos en una discusión que nos llevó a un callejón sin salida. Porque mis argumentos eran tan válidos y razonables como los suyos. La cosa empeoró cuando traté de hacerle ver que llevaba consigo una bomba de relojería: repetía y justificaba esa verdad suya, «la vida es una mierda», en sus conferencias, lo que la hacía más peligrosa todavía, porque de esa forma era más fácil que entrara en las mentes de quienes lo escuchaban.

Y aunque él pudiera ser feliz entonces con una verdad tan devastadora, sé que le resultará muy difícil mantener su felicidad a lo largo del tiempo con ella. Y si el que escucha «la vida es una mierda» es alguien que se encuentra en un momento delicado de su vida o que está pasando por un momento difícil, puede hundirse del todo.

Elige tus verdades no por la verdad en sí misma, sino por sus consecuencias para tu vida.

Lo que llegues a creer será verdad para ti. Las cosas no son verdaderas o falsas en sí mismas. Desde este punto de vista, las discusiones dejan de tener sentido. Si te convences de que la comida saludable no te gusta, lucharás toda tu vida para intentar comer sano o finalmente caerás enfermo por comer lo que no debes. Pero si crees que muchas verduras pueden llegar a gustarte, entonces llegarás a comer mejor y tendrás mejor salud. Por tanto, **tu vida es diferente según tus verdades.**

Una vez que escojas tus verdades, tienes que ser consecuente y **entrenar tu cerebro** en base a ellas. Si has elegido la verdad «la vida es maravillosa», trata de encontrar deliberadamente argumentos y pensamientos que te ayuden a respaldarla. Un buen ejemplo sería: «La vida es maravillosa... porque hay mucha gente buena que está haciendo cosas valiosas, hay muchas noticias esperanzadoras, tengo una familia estupenda que está sana, tengo una casa, mi trabajo me gusta, conozco a gente muy interesante...».

No pienses que cambiar las verdades es fácil. Nadie dijo que lo fuera. Pero es mucho más difícil, y desde luego te lo desaconsejo totalmente, vivir encerrado en unas verdades que te hacen sufrir. Por mi parte, voy a compartir contigo lo que he hecho para cambiar las verdades que me perjudicaban. ¡Sigue leyendo!

MOLDEA TU CEREBRO...

El cerebro cambia continuamente según las experiencias que vives, los pensamientos que tienes y las acciones que llevas a cabo. Siempre lo hace, tanto si queremos como si no, a medida que avanza la vida. Lo que sucede es que normalmente cambia según los sucesos y vivencias que tenemos y de forma azarosa, sin que decidamos de manera consciente cómo se transforma. Pero esto no tiene por qué seguir siendo así.

El cerebro consta de una inmensa red de conexiones entre neuronas. Imagina cada uno de tus **hábitos** como una conexión entre varias de tus neuronas. Es decir, si tienes el maravilloso hábito de ir todos los días al gimnasio para hacer ejercicio, quiere decir que en tu cerebro se conectan de forma automática, fácilmente y sin esfuerzo, una serie de neuronas que apoyan ese hábito. Por eso, te resulta mucho más fácil ir a entrenar que a otra persona que no tiene esas conexiones neuronales. Tu **zona de confort** en ese punto es ir al gimnasio, y no lo contrario, que sería quedarte en casa. De la misma manera, si te emborrachas todos los fines de semana desde hace años, te resulta difícil dejar de hacerlo, porque la conexión entre tus neuronas te impulsa a salir de fiesta y beber alcohol nada más llegar el viernes. ¡El problema es que ese hábito te lleva directamente a arruinar tu salud y tu hígado!

Tu zona de confort (aunque, a menudo, más bien es de verdadera incomodidad) está determinada por los cableados y conexiones entre neuronas que ya están formadas en tu cerebro. Así, si un aspecto de tu vida funciona bien, es una señal de que las conexiones que lo hacen posible funcionan correctamente. Pero cuando algo en tu vida no va bien, debes poner todo tu empeño en **crear otras conexiones nuevas** que sustituyan a las que afectan a ese aspecto concreto.

Imagina que estás en lo alto de una montaña y ves un sendero para bajar una cuesta. Miles de personas se han deslizado miles de veces por ese camino, que se ha hecho más grande y cómodo a medida que iban descendiendo por él y lo allanaban con sus pisadas. Si no quieres seguir el sendero ya hecho y eliges bajar por otro sitio para llegar a un lugar diferente, tendrás que esforzarte mucho más. Sin embargo, cuando hayas subido y bajado muchas veces por el nuevo camino, habrás creado un hábito y te resultará igualmente cómodo.

Tu cerebro cambia cuando creas un hábito.

Puedes cambiar las conexiones entre tus neuronas a través de tus pensamientos y acciones. Pensando deliberadamente algo diferente a lo que pensabas y actuando de otra manera, literalmente estás cambiando tus conexiones neuronales. Una vez que las hayas cambiado respecto a un asunto concreto, te resultará fácil actuar en la dirección de tu nuevo pensamiento. Pero para modificar esas conexiones entre tus neuronas en un determinado asunto es necesario que repitas ese pensamiento y esa acción concreta todas las veces que puedas. Recuerda: **el cerebro cambia por repetición.**

Algunos expertos afirman que para cambiar un hábito se requieren veintiún días, pero es solo una cifra aproximativa. En ocasiones se tarda solo un segundo, como cuando yo dejé el tabaco o el café, y otros invertimos meses o incluso años. Lo importante no es el tiempo que tardes en cambiar un hábito, sino que tengas una **intención clara y consciente**, así se acabará haciendo realidad.

Algunos exfumadores siguen anhelando un cigarrillo después de varios años sin consumir. Los síntomas físicos de la abstinencia duran solo tres semanas, por lo que estas personas tienen algo mucho peor: el «mono» psicológico. Este puede durar toda la vida, a menos que cambien el **proceso de pensamiento** que lleva a anhelar los cigarrillos y que los puede hacer recaer en cualquier momento, en cuanto su fuerza de voluntad flaquee.

Recuerdo con pena los años en que fumaba. Sabía que vivía en un engaño, que el tabaco no me aportaba nada y que el hecho de que yo creyera que me gustaba era solo una ilusión, una creencia, algo que no tenía nada que ver con la realidad. Allen Carr me mostró el camino para escapar del engaño y, gracias a su libro *Es fácil dejar de fumar si sabes cómo*, no solo llevo diez años sin probarlo, sino que me parece algo de una vida pasada. Fue la primera vez que comprobé cómo de poderosa es nuestra mente subconsciente, pues no me costó nada dejar los cigarrillos en cuanto logré reprogramar mi mente y **cambiar el chip**, es decir, mi creencia sobre el tabaco, y las conexiones entre mis neuronas. Es cierto que algunos fumadores leen ese libro y no abandonan el tabaco. Pero es solo porque el libro no logró convencerles. Necesitan seguir trabajando el cambio de creencias.

No existe tu verdad o la del otro,
sino tu verdad y la del otro.

¿Te has preguntado por qué tantas veces alguien hace una dieta, parece que le va muy bien y luego vuelve a lo de siempre? Porque no ha logrado cambiar su manera de pensar en ese asunto.

Para que los cambios que quieres en tu vida sean sostenibles en el tiempo, necesitas **cambiar tu creencia interior**, es decir, tu verdad. Si quiero sostener en el tiempo el hábito de ir al gimnasio, debo convencerme como sea de que el *fitness* es lo mejor del mundo (leyendo, viendo vídeos, con la ayuda de un instructor, uniéndome a un grupo, etcétera) y que puede llegar a gustarme. Una vez que tenga esa creencia en mi mente y sienta **verdadero entusiasmo** por lo que estoy haciendo, ese entusiasmo se mantendrá vivo y podré llegar a conseguir un cuerpazo.

... Y CAMBIARÁ TU VIDA

Todas tus verdades y creencias están en tu mente, concretamente en tu subconsciente. Muchas personas se comportan como una marioneta en manos de su subconsciente ¡y piensan que son libres! Tienden a repetir comportamientos que las llevan a las mismas situaciones. Para tomar el control de tu vida, explícale a tu mente, con mucha tranquilidad pero con firmeza, quién manda a partir de ahora. Y, a continuación, **elige conscientemente las creencias que quieres mantener en tu vida** porque te benefician y qué creencias subconscientes que te perjudican vas a cambiar.

Por ejemplo, ¿cómo te ves? ¿Te consideras una persona valiosa o piensas que no eres digna de lo mejor que hay en la vida?, ¿piensas que mucha gente es mejor que tú?, ¿te consideras digna de que te quiera alguien especial? Si te tomas el tiempo de analizar y escribir todas tus creencias, estas saldrán a la luz. Entonces comprenderás que algunas limitan tu realidad... y tendrás la opción de **dejar atrás las creencias limitantes** para acoger otras nuevas.

Cuando quieras llevar a cabo algo nuevo y diferente, repítelo muchas veces, tanto a nivel de pensamiento como de acción, hasta **crear un nuevo hábito** en tu cerebro. La duración de este proceso depende del asunto en cuestión, de la cantidad de creencias limitantes que tengas o de tu experiencia de vida. Pero siempre se puede lograr. Siempre. Es cuestión de paciencia y perseverancia, de levantarte de nuevo cada vez que caigas.

Tus pensamientos
y acciones cambian tu cerebro.
Y cuando cambia tu cerebro, cambia tu vida.

TU IDENTIDAD ES ABIERTA

Carmen Giménez-Cuenca, pionera del coaching en España, fue la primera persona que me dijo que mi identidad era abierta. Esto supuso una gran revelación para mí, porque significaba que no tenía por qué cargar con todas las etiquetas que me habían puesto mi familia, mis amigos o yo mismo, sino que podía **evolucionar en la dirección que decidiera**. Por ejemplo, si quería llegar a ser ordenado, aunque en ese momento no lo fuera, podría llegar a serlo. Y una vez que fuera una persona ordenada, no me tendría que esforzar, me saldría de manera natural como a mi hermana Belén. Igual pasaría con el ejercicio físico, podría llegar a practicarlo diariamente como un gran deportista aunque en aquel momento me ahogara tras correr cinco minutos. Si quería ser una persona que no discutía, podía conseguirlo. Si quería disfrutar de la vida sin sufrir estrés a diario, podía hacerlo. ¡Podía llegar a ser o hacer lo que yo eligiera!

Estoy hablando de llegar a ser una persona que ama hacer esas cosas sin necesidad de invertir un gran esfuerzo en ellas. Mi esfuerzo no iría dirigido a estas acciones, sino a **transformar mi mente** para que esas acciones me resultaran fáciles, naturales. Más tarde descubrí que, para conseguirlo, debía llegar a comprometerme con los nuevos valores que quería incorporar a mi vida.

Todos vivimos nuestra propia película, pero podemos contarla de un modo u otro. Porque más importante aún que nuestra historia es la interpretación que hacemos de ella. El **enfoque** lo decides tú y, en función de cómo veas tu película, conseguirás que tú mismo y las personas a las que se la cuentes os sintáis mejor o peor. Elige siempre interpretaciones agradables que te hagan sentir bien.

Tú eres quien interpreta la realidad.

Cuando hables de ti, no te bases en la realidad que estás experimentando justo en ese momento, sino en lo que quieres llegar a ser. Algunas personas piensan que esto es engañarse a uno mismo. No es así: contar la película de un modo más positivo e interesante beneficia mucho. Tu nueva película te dará muchas alegrías, porque, tal vez antes de lo que imaginas, te darás cuenta de que **ya eres lo que querías ser**.

Tienes el poder de concentrarte y de fijar tu atención en cosas agradables, aunque todavía no estén sucediendo, y de contarte lo que pasó de una manera más positiva. No imagines un futuro catastrófico: elige un presente en el que ya has alcanzado lo que quieres y aumentarás mucho las posibilidades de que se haga realidad.

CUIDA LO QUE DICES

Tan necesario como cuidar el diálogo interno es **vigilar las palabras que pronuncias**. Hace años, yo contribuía a veces a extender rumores. De hecho, cotillear y rumorear sobre otros parecía la conversación favorita de muchos de mis amigos y amigas. Hasta que, un día, decidí que nunca más contribuiría a extender algo que pudiera perjudicar a otra persona. No me resultó nada fácil, sobre todo al principio, pues a menudo las personas con las que me relacionaba no solo esperaban que les diera coba con los cotilleos que me estaban contando, sino que querían que participara activamente en sus juicios y opiniones.

Desde hace tiempo, cuando me llega un rumor sobre alguien, decido que ya ha llegado demasiado lejos en lugar de ir a contarlo.

Demasiada gente habla y habla sin pararse a reflexionar sobre lo que dice, y muy poca cuida lo que sale por su boca. Cada vez que dices «No puedo», estás negando tu propio valor y poder personal, y cada vez que le dices a otro «No puedes», derribas uno de sus sueños.

Si, en lugar de decir lo primero que se nos pasa por la cabeza, nos detenemos y nos preguntamos si realmente queremos que eso que vamos a contar llegue a ser realidad en nuestra vida, estaremos creando otra realidad muy diferente. **Hay mucho poder en las palabras que pronunciamos diariamente** cuando nos relacionamos con los demás. Las palabras, que forman los pensamientos hablados, tienen poder sobre nuestra vida y al mismo tiempo influyen en la vida de los demás.

Construyes la vida con lo que dices.

¿Te gustaría tener una varita mágica? Pues la tienes: son tus palabras. Y con ellas puedes crear una realidad más hermosa o, por el contrario, exterminar la belleza del mundo. Mucha gente utiliza las palabras únicamente para describir lo que ven. Te propongo que las emplees para crear lo que quieres y para apoyar y reforzar tus pensamientos conscientes. También para elevar a los demás en lugar de hundirlos.

¿Te has parado a descubrir lo que dices cuando hablas?, ¿cómo te diriges a los demás?, ¿qué les dices? ¿Eres amable y apoyas sus sueños y objetivos o sueles cuestionarlo todo y andas quejándote todo el día? Solo tú puedes tomar la decisión de hacer un **uso más beneficioso de las palabras para ti y los demás**. Cuando un día llegas de mal humor al trabajo, dices cosas que crean una realidad diferente de la que construyes cuando entras alegre y feliz por la puerta.

Cada vez que pronuncias algo en tu contra o en contra de los demás, no estás cuidando tus palabras. Si insultas a alguien, le haces reproches, lo culpas, lo juzgas o tratas de hacerle daño, ese dolor volverá a ti, porque lo que esa persona despida a su vez hacia ti no será precisamente muy positivo. En cambio, si te propones ser amable y cariñoso con los demás y los apoyas, eso recibirás, porque será **un reflejo de lo que tú te das a ti mismo**.

Suelo recomendar a quienes acuden a mi consulta algo que practico desde hace años: destacar las cosas positivas que ven en los demás. A algunas personas la atención se les va a lo feo o lo que no les gusta, y eso se nota tanto si lo pronuncias como si no. Pero si adoptas el hábito de **decir algo positivo a cada persona** con la que te relacionas, tus palabras contribuirán a un mundo mejor. No se trata de que seas falso, pues eso no sirve de nada. Se trata de que busques cosas que te gusten en el otro, aunque solo sea la ropa que lleva puesta o la pulsera nueva que se ha comprado. Habla contigo mismo en buenos términos y así hablarás también con los demás en los mismos términos.

Crea belleza, amor, abundancia
y felicidad con tus palabras.

Sé consciente del poder que tienen tus palabras y toma la decisión de no utilizarlas contra ti ni contra los demás. Porque tú construyes tu vida poniéndole palabras. Y si utilizas un lenguaje positivo, avanzas y creas una realidad más positiva.

DI NO CUANDO QUIERES DECIR NO

Si dices «sí», abres una puerta. Si dices «no», la cierras, lo cual es perfectamente lícito. Cuando cierras una puerta, abres otra, porque al decir no a una cosa, dices sí a otra. Tú decides qué puertas quieres abrir y qué caminos quieres recorrer en tu proyecto de vida. Tienes derecho a utilizar estas palabras, *sí* y *no*, según quieras llegar a algún lugar o no. Puedes decir «no» con asertividad y amabilidad, pero al mismo tiempo sintiéndote bien.

3

Tus deseos son importantes

Todos hemos tenido sueños en algún momento de nuestras vidas, pero en muchos casos se han quedado en el olvido, aplastados por las trampas de la batalla cotidiana y las pequeñas frustraciones diarias. En algún momento, no sabemos bien cuándo, llegamos a pensar que era imposible conseguirlos y tiramos la toalla. Se necesita mucha fe para no rendirse ni siquiera cuando las circunstancias parecen ir en nuestra contra. Pero, muchas más veces de las que pensamos, **podemos conseguir que nuestros deseos se cumplan.**

Recuerdo bien cuando me di cuenta de que estaba viviendo mi sueño. Fue el 24 de febrero de 2017. Se presentaba mi primer libro en la Casa del Libro de la Gran Vía madrileña —mi calle preferida—, la sala estaba abarrotada de gente que había venido a verme y tenía a la actriz Nuria Gago a un lado y a mi mejor amigo, José Bravo, al otro. Los asistentes lloraron de emoción al escucharme hablar y también rieron.

¿Cómo fue posible que yo, que aterricé en Madrid bastante perdido, sin conocer a nadie y sin ser consciente de ninguno de mis talentos, hubiera podido llegar hasta allí?

En 2010 conocí a Demian, el hombre más impresionante que he visto en mi vida, la persona más libre y sabia con la que me había cruzado. Él me aseguró algo que nadie me había dicho nunca: «Curro, puedes escribir libros y vivir de lo que amas». Y me pidió que no escuchase a quien dijera lo contrario.

Años después, en la librería de la Gran Vía abarrotada de lectores que habían comprado mi primer libro, supe que Demian tenía razón.

Puedes cumplir tu sueño si pones voluntad, atención e intención durante el tiempo suficiente.

Pienso que los niños tendrían que venir con un cartel que dijese: «¡Cuidado, contiene sueños!». Y es que, en demasiadas ocasiones, tiramos por tierra los sueños de los demás o, peor aún, los nuestros propios. Suelo establecer una diferencia que me parece fundamental: **deseos verdaderos** y **deseos del ego**. O lo que es lo mismo: deseos de tu yo esencial y deseos de tu falso yo.

Si un deseo procede de tu yo esencial o de tu ego, solo puedes llegar a saberlo tú, pero mi experiencia me dice que, si somos muy sinceros con nosotros mismos, tendremos la respuesta. Por lo general, **los deseos de tu yo esencial te sacan de tu zona de confort, te hacen verdaderamente feliz y benefician tu salud**, mientras que los de tu ego te mantienen en tu zona de pereza o te perjudican. Los deseos de tu falso yo varían fácilmente y también es fácil modificarlos con un cambio de perspectiva, mientras que los deseos de tu yo esencial solo cambiarán si llegaron para una etapa de tu vida o porque gracias a ellos tenías que aprender algo. Los deseos de tu ego te hacen sufrir, aunque a veces te dan un placer momentáneo y consiguen que tu vida sea más agradable..., pero no siempre los vas a poder cumplir. Los deseos de tu yo esencial son los de tu corazón, siempre se cumplen y te hacen avanzar en una vida feliz.

Tu felicidad está en el camino hacia los deseos verdaderos y profundos de tu corazón.

Los sueños verdaderos siempre —insisto, siempre— se pueden hacer realidad, porque la condición para lograrlo es que no estén en discordancia con el camino que te está inspirando la vida. Si no tienes nada que ver con un futbolista pero te empeñas en serlo porque ganan mucho dinero, no lo conseguirás, porque ese sueño no te lo ha inspirado la vida. En cambio, si te enfocas en hacer lo que verdaderamente amas y brota de ti, conseguirás vivir de ello.

Y la existencia te inspira los sueños para que camines en la dirección de **tu propósito de vida**. Llegados a este punto, algunas personas cometen el mayor error: pensar que cuando consigan su deseo ya serán felices para siempre. Nada más lejos de la realidad. Cuando completes toda tu lista de propósitos, tendrás otra más grande, ya que la vida nos inspira constantemente nuevos y valiosos deseos.

Estamos realizados y somos completos ya, en este momento, incluso cuando nuestros ardientes deseos aún no se han hecho realidad. **No puedes condicionar tu felicidad al logro de tu deseo**, porque entonces nunca serás feliz, ya que siempre habrá nuevos deseos que cumplir. De hecho, la manera más efectiva para hacer realidad tus deseos es ser feliz en el momento presente.

«Lo que se desea con suficiente fuerza se consigue».
HERMANN HESSE

La manera más rápida de cumplir tus deseos es **ser tan feliz que no te importe que tus deseos no se cumplan**. Quieres que lo hagan, por supuesto, pero sabes que tu felicidad no depende de ellos y, por tanto, **dejas de temer** que no sea así.

Con las personas que acuden a mi consulta de coaching trabajo un sistema en cuatro pasos:

a) Elige tus verdaderos deseos tras conectarte con tu sabiduría interior y luego conviértelos en objetivos.
b) Pon la intención en alcanzarlos y ten fe en que van a cumplirse.
c) Planifica todos los días las acciones que te llevarán hacia ellos. ¡Es preferible ir de uno en uno!
d) Sé tan feliz como puedas mientras esos sueños se hacen realidad. Siéntete tan lleno en el momento presente que no te dé quebraderos de cabeza la posibilidad de que no se cumplan.

Imagina que estás en la playa. No hay nadie en la orilla, solo tú. A unos dos kilómetros, como si fuera un puntito suspendido en el aire, se encuentra tu deseo. Cuando eres feliz en el momento presente, casi sin darte cuenta, sucede lo siguiente: empiezas a avanzar con tranquilidad por la orilla del mar hacia el puntito que es tu deseo y este empieza también a acercarse a ti. Y mientras sigas manteniendo tu calma y tu felicidad, os seguiréis acercando hasta que finalmente os encontraréis y el deseo será realidad. Si pierdes tu felicidad, te entra el miedo y la duda se apodera de ti, o simplemente te enfadas con tu deseo porque piensas que no es posible que os lleguéis a encontrar; entonces ambos estáis cada vez más alejados.

¡Sé feliz ahora!
Puedes caminar hacia tus deseos
desde la felicidad y no desde el sacrificio.

Si eres feliz ahora, en este momento presente, y tus deseos no se cumplen, seguirás siéndolo. Pero, además, como confías plenamente en tus deseos, estos se cumplirán. Esto es el significado de la poderosa fe. **Consigue creer en lo que quieres**, en tus sueños, porque, si crees en ellos, encontrarás la manera de hacerlos realidad. **Vive este proceso como algo divertido, sin angustias ni miedos.** Cuando tienes un deseo y sabes que vas a conseguirlo, vives tu presente desde un lugar muy agradable y no sufres.

Siempre vas a desear algo que aún no tienes: es la vida, que te está guiando hacia una dirección determinada. Y aunque el precio de ir tras nuestros deseos nunca debe ser el de nuestra propia felicidad, si te empeñas en dejar de desear, vas en contra del fluir de la vida y no te permites avanzar ni ser feliz.

Donde va tu **atención**, va tu **energía**. Imagina tu atención como una poderosa señal que emites constantemente. Realmente es la herramienta más importante que tienes. Tu atención es como un superpoder que sale de tu mente hacia donde decides fijarla, y tu vida se verá afectada según la dirijas a un sitio o a otro. El foco importa. Lo que piensas en el momento presente es fundamental.

«El gran secreto de la vida es que no hay ningún secreto. Sea cual sea tu objetivo, puedes llegar si estás dispuesto a trabajar».
OPRAH WINFREY

¿Cómo sé a dónde estoy enfocando mi atención? Por la forma en la que me siento. Cuando te sientes bien significa que te estás enfocando en algo que deseas; si te enfocas en lo que no deseas, te sientes mal.

¿Cuáles son tus **verdaderos deseos**?, ¿has invertido tiempo en averiguar cuáles son?, ¿te has parado a identificarlos, escribirlos, reconocerlos, o no has encontrado tiempo para ello y no tienes ni idea de lo que quieres en la vida?, ¿has tenido el valor de reconocerte lo que realmente quieres o te da miedo pensarlo por si no tienes el valor para perseguirlo?

Para saber que tus deseos son verdaderos y no copiados de otros, **elígelos cuando te sientas feliz**. Cuando te falta energía, te has enfadado o estás triste, no puedes saber cuáles son tus verdaderos anhelos porque contemplas la realidad desde un estado distorsionado.

Algunas personas, al ver que no consiguen lo que anhelan, se enfadan y piensan que la causa de su infelicidad o de su ansiedad está en desear, pero **tus deseos nunca tienen la culpa de que seas infeliz**. ¡En todo caso, la tendrá el hecho de que creas que tus deseos no son posibles o de que no des los pasos hacia ellos!

El deseo en sí no es malo, el problema surge con la ansiedad y la preocupación que aparecen ante las dudas y los miedos. Esas dudas y miedos no tienen sentido: si lo que deseas está alineado con tu corazón, ya viene en camino. Siempre.

Algunas personas que se dedican al crecimiento personal afirman que no hay que desear nada. Es un error. Si tienes confianza total en la vida, puedes avanzar felizmente hasta hacer realidad tus deseos y no hay necesidad de sufrir. En unos casos se tarda más, en otros menos, pero siempre se hacen realidad.

La vida te moviliza a través de tus deseos.

Yo tengo muy identificados mis verdaderos deseos. Uno de ellos es tener pareja y enamorarme de verdad. Quiero experimentar el amor verdadero, pero por las razones que sean solo he tenido una pareja que ya se terminó hace cinco años. Mi **confianza** es muy grande, así que tengo claro que va a llegar, que nuestros caminos se van a encontrar, que será una persona realmente maravillosa y que vamos a ser inmensamente felices. No me pienso conformar (por eso llevo todo este tiempo sin tener pareja), pero estoy convencido de que ese hombre bueno y simpático va a llegar a mi vida y sé que nos vamos a apoyar en todo. Voy a quererlo muchísimo, y él a mí. Vamos a construir algo hermoso juntos.

¿Comprendes lo que supone tener alineadas las creencias con los deseos? Si yo pensara que no voy a tener suerte en el amor, que me quedaré soltero toda la vida, que no encontraré a nadie que me quiera de verdad, estaría en lucha con mi deseo. Y **estar en lucha es sufrir**. Porque mis creencias irían en la dirección contraria a mi deseo. Pero como no es el caso, estoy feliz y tranquilo, confiando totalmente en la vida y al mismo tiempo disfrutando de los regalos que la vida me da, porque también estoy disfrutando mucho de esta etapa sin pareja.

¿Tengo miedo a que no se cumpla mi deseo? Ninguno, porque aunque estoy muy atento para no dejar escapar a ese hombre cuando llegue —ignoro dónde está ahora mismo ni cuándo nos encontraremos—, tengo **confianza** en que aparecerá y lo espero con **ilusión**. Es el **entusiasmo** que podemos sentir hacia lo que todavía no ha llegado, pero que sin duda sabemos que vendrá. Además, no puedo tener miedo a que no llegue porque soy feliz en el momento presente y, aunque no se cumpliera mi deseo, seguiría siendo feliz.

Para que se cumplan nuestros grandes deseos debemos **tener paciencia y disfrutar del camino**. Las cosas no se consiguen inmediatamente, sino después de mantener la atención en lo que deseamos de forma prolongada en el tiempo y de actuar de forma orientada a nuestro objetivo. Necesitas ver el deseo en tu mente, creer en él y tener fe en que te estás acercando, al margen de los resultados que veas en primera instancia.

¿Estás dispuesto a comprometerte verdaderamente con tu objetivo?

Sé tan feliz ahora que no te importe que tu deseo no se cumpla. Aunque sepas que se va a cumplir, es importante contemplar la posibilidad de que no se haga realidad y reflexionar sobre si esa posibilidad te da miedo o no. Si no te preocupa, el proceso de hacer realidad tu deseo va viento en popa.

Si la vida te ha inspirado un deseo es porque puede cumplirse. ¡Te lo prometo! Pero, como le dijo el Gato de Cheshire a Alicia en el País de las Maravillas, para llegar a él tienes que saber claramente hacia dónde vas.

«—Dime, Gato —preguntó Alicia—,
¿cuál es el camino correcto?
—¿A dónde te diriges? —dijo el Gato.
—No lo sé —respondió Alicia.
—Entonces, no importa el camino que tomes».
Alicia en el País de las Maravillas, Lewis Carroll

Mi lista de deseos

Escribe una lista con los cien deseos que quieras que se hagan realidad a lo largo de tu vida. No te censures. Pueden ser **pequeños detalles o grandes cosas**. Todo lo que quieras ser, hacer o tener antes de tu muerte. Por ejemplo, si uno de tus deseos es vivir una temporada en Nueva York, escríbelo. Si anhelas subir al Machu Picchu, escríbelo. Pero si una de esas ideas solo te parece interesante o atractiva, pero no lo deseas con intensidad, porque lo que tú quieres realmente es ser más valiente, tener un hijo o viajar a África para ver los gorilas, ignórala y escribe con sinceridad tu verdadero deseo.

Hasta aquí este ejercicio ya es muy potente, pues te ayudará a tomar conciencia de todo lo que deseas hacer en esta vida antes de morir. Y una vez que tengas tu maravillosa lista de deseos, puntúalos uno a uno del 1 al 10, de tal forma que la nota sea mayor cuanto más quieras y esperes que se haga realidad. A continuación, mira las puntuaciones y, por el momento, quédate con los diez deseos más importantes que hay en tu vida ahora mismo. Ponles fecha para hacerlos realidad y escribe las acciones que podrían llevarte hacia ellos.

Por último, escribe en otro papel tu siguiente paso en la vida: ¿cuál es tu próximo objetivo?, ¿cuál es el deseo con el que te vas a comprometer?, ¿lo tienes claro en tu mente? Al poner por escrito, de forma concreta, lo que quieres, **focalizas tu mente** y pones en marcha el enorme **poder de la intención.**

Más adelante, tendrás que integrar tus deseos en tu visión personal.

CONVÉNCETE Y LO HARÁS POSIBLE

Toda creación comienza con una idea, porque de esta pasamos a la acción. No os podéis ni imaginar la felicidad que sentí cuando descubrí que había una manera práctica, sencilla y fiable de trabajar para dejar atrás algunas de mis limitaciones. ¡Podía llegar a ser lo que me propusiera! Este método, una de las técnicas más simples y poderosas para cambiar tus creencias y alinearlas con tus deseos, es la **técnica de las afirmaciones** o decretos.

Las afirmaciones son **declaraciones positivas** que te haces deliberadamente. Gracias a ellas, si te das tiempo, se forman nuevos cableados y neuroasociaciones en tu cerebro, pero debes tener en cuenta que cuanta más **emoción** logres sentir al decir tus afirmaciones, más eficaz será esta herramienta y más rápidamente se producirán los cambios.

El poder de las emociones es enorme.

Cuando logras sentir una emoción fuerte en respuesta a la nueva afirmación que estás trabajando o a lo que estás visualizando, aceleras mucho el proceso creativo, ya que las emociones son el indicador de que tu cerebro cree totalmente en el **cambio** y, por tanto, este ha comenzado.

Cuando comencé a escribir *El poder de confiar en ti*, tuve que tomar una serie de decisiones sobre qué incluir en él. Una de ellas fue darle un lugar destacado a esta técnica, pues, de todas las herramientas que he estudiado y aprendido a lo largo de estos años, es la que más uso yo mismo y en la que más creo.

Sé por experiencia que, con la paciencia y la perseverancia necesarias, **las afirmaciones siempre dan resultado**. ¡He visto tanto en mí como en las personas que acuden a mi consulta verdaderos milagros gracias al cambio de creencias al que pueden llevar las afirmaciones! En ocasiones, el cambio se produce en muy pocos días o semanas. Pero conviene saber que, para cambiar una creencia muy muy arraigada en tu mente, necesitarás hacer miles de afirmaciones durante un año o incluso más. Yo he hecho infinitas afirmaciones a lo largo de estos diez años: las he cantado en la ducha, las he escrito rellenando cientos de cuadernos, las he dicho en voz alta nada más despertarme, mentalmente, en la ducha o cuando estaba cocinando. Unas veces, voy por la calle y hago como que hablo por teléfono mientras pronuncio mis afirmaciones o me grabo audios y así las vuelvo a escuchar. Otras, las repito en el gimnasio, en el descanso entre un ejercicio y otro ejercicio, o mientras hago *running*. Siento predilección, sin embargo, por escribirlas, porque sé que así me resulta más fácil **fijar la atención** y no dispersarme. Al fin y al cabo, soy escritor. Sin embargo, mi amiga Francisca Ruiz Ramírez prefiere decirlas mientras realiza las tareas del hogar o cocina. En su conferencia «La fuerza del amor», que encontrarás en Youtube, ella explica maravillosamente cómo empezó a cambiar su vida hace años por decirse una y otra vez cosas como «me quiero» o «soy maravillosa».

Me quiero, me acepto y me apruebo.

En lo que a mí respecta, primero identifiqué la basura mental que había en mi mente y luego empecé a limpiarla habitación por habitación. Hoy en día sigo haciéndolo, porque la mente es como una casa enorme con muchísimas estancias, y cuando has terminado de **limpiar** una, te toca hacerlo con la siguiente. Claro que ahora el trabajo es más agradable que al principio, cuando tantas habitaciones estaban repletas de suciedad, porque puedo disfrutar de todas las estancias que ya están limpias.

En el mercado del crecimiento personal encontraréis todo tipo de métodos para cambiar creencias y reprogramar la mente subconsciente. Los he probado casi todos, y puedo decir que el más sencillo y fácil de entender es la técnica de las afirmaciones: puedes hacerlas en cualquier lugar, sin necesidad de que te ayude otra persona..., ¡y encima es gratis!

Si afirmas algo que normalmente no te dirías, como «estoy dispuesto a cambiar» o «soy una persona valiente y capaz de conseguir lo que me proponga», estás iniciando un cambio. Aunque ahora mismo esa afirmación no defina tu realidad presente, estará ayudando a que cambies el disco rayado de tu diálogo interior e inicies el proceso para cambiar o conseguir tus propósitos. **Cuando seas valiente en tu mente, lo serás en tu vida.** Por eso, no importa si al principio no te lo crees. ¡Ya lo creerás!

Si repites tus afirmaciones (o las escribes) una y otra vez, creerás en ellas y se harán realidad.

Todo lo que vemos, leemos, escuchamos y sentimos nos influye y sugestiona. Lo que nos dicen nuestros padres desde niños lo consigue especialmente, pero también las frases e imágenes llamativas de los medios de comunicación y la publicidad. Con la técnica de las afirmaciones, **te influyes y sugestionas con lo que te interesa** a ti mismo, sea lo que sea.

Yo no juzgo los deseos de las personas a las que ayudo como coach. En principio, todos me parecen bien (suelo bromear con ellos diciéndoles que si me dicen que quieren asesinar a alguien no los apoyaré). Tampoco juzgo los deseos de mis amigos, ni de mis conocidos. Intento apoyar los deseos de los demás porque ¿quién soy yo para cuestionar lo que quiere otra persona?

Lo ideal es que llegues a sentir la emoción que te produce ese nuevo pensamiento. **Lo conseguirás si prestas atención a lo que afirmas.** Si compruebas que te dispersas mucho y no te resulta fácil concentrar tu atención en tus afirmaciones, escríbelas. ¿Y cómo sé qué afirmación he de hacer? Muy fácil: ahora que ya tienes claro tus deseos, **identifica tus creencias** sobre ellos. Sigamos con el ejemplo anterior. Imagina que entre las cualidades que has identificado que te gustaría tener está la valentía. Pero, en tu diálogo interior, te consideras una persona cobarde. Esa creencia dispara automáticamente pensamientos como «no voy a ser capaz», «no puedo», «no soy lo bastante valiente», etcétera. Gracias a la técnica de las afirmaciones, puedes contrarrestar las miles de miles de veces que te has repetido eso en tu diálogo interior. Ahora, te dirás consciente y deliberadamente: «Soy valiente y capaz de conseguir lo que me proponga». Después de repetirte o escribir cientos de veces esa afirmación, en varias semanas seguramente habrás ganado valentía. Y por serlo, te inspirarás para llevar a cabo acciones propias de una persona valiente. Así que con esa creencia poderosa («soy valiente») **estarás creando una realidad totalmente distinta** de la anterior («soy cobarde»).

Ahora supón que quieres escribir un libro. Piensas que puedes hacerlo bien, pero al mismo tiempo tienes mucho miedo de que tu familia no vaya a entenderte. No te atreves a contar lo que la vida te está inspirando a que cuentes. Sin embargo, quieres sacar la **valentía** porque escribirlo es muy importante para ti. Si repites varias veces y a diario esta afirmación: «Publico mi libro y a mi familia le encanta», te resultará más agradable avanzar con la escritura y podrás conseguir tu objetivo. Los mecanismos de la mente humana son tan increíbles que, al mismo tiempo, tu **actitud** hacia lo que estás viviendo será distinta, lo que dirás será distinto y te comportarás de un modo distinto, y todo ello hará que aumenten mucho las posibilidades de que a tu familia le guste tu obra.

«Escribe afirmaciones positivas y léelas regularmente. El acto de escribirlas las imprime en tu mente y produce efectos a largo plazo».
WAYNE DYER

Fíjate en que mis afirmaciones que te he propuesto como ejemplo están en tiempo presente. **Haz siempre tus afirmaciones en presente** porque el cerebro no distingue entre el presente y el futuro, ni tampoco sabe cuándo algo es real o imaginado. Por eso, si las haces en presente, estás mandando el mensaje a tu cerebro de que eso está ocurriendo ahora y, así, las conexiones neuronales que te mantienen estancado empezarán a cambiar inmediatamente.

Pondré un ejemplo más. Imagina que en este momento eres una persona bastante tacaña. Tienes dinero, pero sufres cada vez que tienes que gastarlo y siempre intentas ir a lo mínimo, escatimando cada euro que gastas. Sin duda, **una creencia te ata** a esa tacañería. Posiblemente tus padres dispusieron de poco dinero en el pasado, se quejaban de no tenerlo o simplemente eran muy ahorrativos. O quizá has heredado un gen de un abuelo o un bisabuelo, vete a saber, que no contó con la cualidad de saber disfrutar del dinero. **Pregúntate qué creencias hay en tu caso**, pero seguramente estén relacionadas con el miedo a no tener suficiente en un futuro…, o tal vez sea algo más profundo. En este ejemplo, las afirmaciones positivas —«siempre tengo dinero de sobra para todo lo que deseo y necesito», «vivo en la abundancia y me permito disfrutar del dinero», «mis hijos van a ganarse bien la vida»— te ayudarán a desbloquearte poco a poco y a dejar de sufrir por gastar. Así, crearás en tu interior la idea de que nunca te va a faltar nada, sino que, al contrario, estás a salvo y puedes disfrutar de lo que posees. Aunque tengas que hacerte esas afirmaciones cientos o miles de veces, **el cambio empezará a producirse desde los primeros días**. Esa es una de las ventajas de esta técnica: después de escribir una afirmación varias veces, ya comenzamos a sentir el cambio en nuestro interior aunque sea en una pequeña medida.

Las afirmaciones positivas también te ayudan a cambiar tu actitud ante la vida.

Al final de este capítulo encontrarás las afirmaciones positivas que más me han ayudado a mí y a las personas que acuden a mi consulta. Puedes escoger las que más te interesen y que más relación guarden con el asunto que estés trabajando en estos momentos. Pero recuerda que **siempre puedes elaborar tus propias afirmaciones**. Se trata de que escribas una frase positiva que te resulte atractiva, independientemente de que en este momento te la creas o de que, según tu opinión, describa tu situación actual.

Muchas personas a las que ayudo como coach me insisten, sobre todo en las primeras sesiones, en que tienen la sensación de que se están engañando a sí mismas. Es cierto que, al principio, puede incomodarte afirmar algo que no te crees parcial o totalmente o que nada tiene que ver con tu realidad presente. Siempre les respondo lo mismo: no importa si no te lo crees ahora, ya lo harás. Pero, si decir categóricamente «Yo soy valiente» te hace sentir mal o te impide creer en tu afirmación, puedes utilizar otras palabras como, por ejemplo, «Yo puedo llegar a ser valiente algún día».

Lo más importante a la hora de elaborar tus afirmaciones es

que te sirvan para sentirte mejor de lo que estabas antes. No se trata de que describas la realidad tal y como la ves en este momento en tu vida, sino que afirmes cosas que te ayuden a **elevar tu estado de ánimo**. Porque, insisto, **sentir emociones positivas cambia tu vida**. ¡No importa lo lejos que estés de lo que afirmas! ¡No des tanta importancia a lo que ven ahora mismo tus ojos! Piensa que esa situación es temporal y que tú, simplemente, estás poniendo el foco en lo que quieres que sea, no en lo que es. No te preocupes, con el tiempo irás convenciéndote de tu afirmación hasta que te la creas totalmente.

Nadie conoce mejor que tú lo que necesitas para calmarte, ser feliz y avanzar hacia tus objetivos.

¡Haz la prueba! Durante diez minutos, escribe o repítete con atención una o dos afirmaciones positivas. ¿Cómo te sientes al terminar? Si te encuentras bien, habrás logrado tu objetivo. Y si aún no te sientes mejor, se estarán formando nuevas redes y conexiones neurológicas en tu cerebro que te llevarán a él.

No pienses que todas las conexiones neuronales de tu cerebro van a cambiar al instante. Durante un tiempo, quizá no experimentes grandes cambios. Pero, si practicas la técnica de las afirmaciones con constancia, **no hay nada que no puedas cambiar**.

Decir o escribir una afirmación deliberadamente supone abrir la mente a algo nuevo, a una nueva idea, a una posibilidad... Algunas personas se quejan de que no lo consiguen, pero se debe simplemente a que carecen de la **disciplina** o la **paciencia** necesarias para repetir sus afirmaciones el número de veces necesario hasta que su mente subconsciente acepta e integra su nueva idea. Una vez que tu mente subconsciente la haya integrado, estará de tu lado en ese aspecto. Tener a tu mente subconsciente de tu parte en algo que quieres conseguir es lo mejor que puede pasarte.

¡Si tu mente subconsciente quiere conseguir algo, lo lograrás!

Doy fe de que, con el tiempo, **las afirmaciones acaban con tus miedos más arraigados**. Cuando escribí *Una nueva felicidad*, mi primer libro, yo tenía mucho miedo. Me daba miedo que mi familia no me aceptara, que la gente no entendiera mi historia, que las cosas no salieran bien. Sin embargo, mi **sabiduría interior** me decía que era importante que lo escribiera. Dejé mi trabajo en *Vanity Fair* y otras revistas, abandoné mi bulliciosa vida en Madrid y me trasladé a un pueblecito con mar. Allí estuve totalmente solo durante siete meses, aislado del mundo para conectar con mi voz interior y escribir en la más absoluta soledad. Recuerdo que tenía unas diez afirmaciones escritas en una libretita —«soy capaz de escribir mi libro y a mi familia y mis amigos les encanta», «mis padres me aceptan, me aprueban y me quieren incondicionalmente», «mi libro ayuda a la gente», «tengo derecho a hacer mi vida y escribir mi libro»...— que dejaba en la mesilla de noche y cada día, al despertarme, lo primero que hacía era leerlas. Las leía también antes de la hora de la comida, una tercera vez después de la pequeña siesta que hacía y también antes de acostarme, ya en la cama. Una y otra vez, y muchos días las escribía veinticinco veces.

Puedes inventarte las afirmaciones que quieras. Lo importante y decisivo es que te sientas bien y que vayan **acordes con tus deseos o con tu objetivo**. El caso es que, a medida que me repetía mis afirmaciones con disciplina espartana, mi miedo se iba empequeñeciendo. Hice exactamente lo mismo cuando decidí que quería superar mi miedo al qué dirán y salir del armario completamente.

No hay límites a la hora de elaborar tus propias afirmaciones.

¿Imaginas qué habría ocurrido si hubiese dejado a mi mente y a mi diálogo interno en piloto automático? A veces venían a mí mensajes internos negativos como «este libro no va a gustar a nadie», «mi familia no me va a comprender», «no tengo ninguna necesidad de exponerme, para qué quiero hacerlo». Si no hubiera contrarrestado estos miedos con afirmaciones positivas alineadas con mi **objetivo consciente** y el **deseo de mi corazón**, tal vez los miedos habrían ganado la partida, como lo logran tantas veces, mi libro no existiría y hoy yo sería una persona distinta.

Reflexiona sobre **qué aspectos de tu vida quieres cambiar o mejorar** con tus afirmaciones. Yo quería confiar en la vida, por eso escribí cientos de veces afirmaciones relacionadas con este deseo. Piensa en qué miedos quieres vencer, qué impulsos deseas controlar, qué necesitas decirte para calmarte, para pasar al siguiente nivel, para disfrutar de la vida y caminar hacia tus objetivos.

Escribir o repetirte tus afirmaciones tres veces al día está bien, pero hacerlo veinte es aún mejor. Y así todas las veces que quieras. Eso sí, **no te canses**. Escribe tus afirmaciones veinticinco veces al día (más o menos, un folio por una cara) o dilas entre cincuenta y cien veces diarias cuando estés trabajando en un objetivo ambicioso (¡son solo diez minutos!). Para que te hagas una idea, yo he llegado a escribir durante meses un mismo conjunto de tres, cuatro o cinco afirmaciones, veinticinco veces por la mañana y otras tantas por la noche.

SI LO VES, ESTÁ AHÍ

La **técnica de la visualización** te permite retirarte del mundo exterior y complementa perfectamente a las afirmaciones: son como las dos caras de la misma moneda. Durante dos minutos, cinco o diez, cierra los ojos para imaginar tu realidad deseada como si estuviera ocurriendo en este momento de tu vida. Es una especie de cita con **tu futuro en el presente**. Dicho con otras palabras, gracias a la visualización te adelantas al futuro que deseas ver hecho realidad. Pero, para «experimentar» ese futuro, tienes que vivirlo como si fuera real.

«Para tener el nivel de éxito que yo quiero tener no puedo dispersarme ni hacer múltiples cosas. Se requiere foco».
WILL SMITH

Hace ya años se descubrió que una experiencia imaginada crea en el organismo el mismo flujo de neurotransmisores y hormonas que una experiencia real. Por ejemplo, si te imaginas en una situación estresante, aceleras tu ritmo cardíaco y liberas adrenalina. Y si rememoras un momento de tu vida en el que fuiste muy feliz, tu cuerpo libera las llamadas *hormonas de la felicidad.*

Hay personas a las que se les da muy bien visualizar, aunque otras tienen muchas dificultades para hacerlo. Es cuestión de práctica: si te pones a ello, poco a poco irás mejorando. Visualizar no es otra cosa que **imaginar**, pero no cualquier cosa, sino lo que quieres que suceda como si ya estuviera ocurriendo en el presente. Es cerrar los ojos y **dejarse sentir** y volar cuando respondes a las siguientes preguntas: ¿qué sentirías al haber conseguido ya lo que deseas?, ¿qué verías?, ¿qué escucharías?, ¿qué pensarías?, ¿qué le dirías a tu mejor amiga o amigo si ya hubieras alcanzado tu objetivo? Entonces te imaginas en todos esos escenarios, contando con todo lujo de detalles a tus amigos las maravillas que han llegado a tu vida y tu gran ilusión por haberlas logrado. También puedes escribir tus visualizaciones: se trata de narrar en un papel, en tiempo presente, cómo te ves en esa realidad que deseaste y ya has alcanzado. E incluso puedes escribir un correo electrónico o grabar un audio en el que cuentes tus logros a tus mejores amigos, pero no se lo envíes, salvo que tengas mucha confianza, o correrás el riesgo de que piensen que has perdido la cabeza. Una vez que hayas imaginado cómo te sientes por ese futuro ya presente, y antes de terminar tu visualización, **agradece** ese hecho como si ya se hubiera dado.

No te puedes ni imaginar cuántos artistas famosos y con éxito han utilizado la visualización como ayuda para llegar al lugar al que aspiraban. La mayoría de ellos no lo cuentan. En una entrevista en Aragón TV, le dijeron a Penélope Cruz que su capacidad para cumplir sueños era inquietante. Y es cierto: esta maravillosa actriz empezó bailando en Alcobendas a los cinco años y, sin que nadie en su familia se dedicara a la interpretación, ha conseguido llegar a la cima del cine. Ha trabajado mucho. Jamás se ha metido con nadie. Y ha visto cumplidos sueños que parecían imposibles. En esa entrevista ella, que acababa de ser nominada al Óscar, respondió:

> Yo también me sorprendo de eso. A mí también me parece que en mi vida han pasado muchas cosas que yo había visualizado como sueños, situaciones que quería vivir, personas que quería o con las que quería trabajar... Eran deseos que tenían mucha fuerza... Yo creo que eso sí contribuye a que las cosas se cumplan, pero que no depende solo de ti... Eran cosas muy específicas que se han cumplido..., como cuando llegué a Estados Unidos y no hablaba nada de inglés y aprendí a decir *I want to work with Johnny Depp* (Quiero trabajar con Johnny Depp), y la gente se reía... Que cosas tan concretas como esa se cumplieran me ha hecho pensar algunas veces: «Pero, ¿es una broma? ¿Qué está pasando?».

Imaginar el futuro tal y como quieres que suceda te da energía y confianza en el presente.

El campeón del mundo de motociclismo Jorge Lorenzo me contó que se ha servido de esta técnica muchas veces para ayudarse a conseguir sus objetivos. La visualización le permitió **prepararse mentalmente** de cara a sus carreras e incluso para recuperarse de lesiones graves que había tenido.

«Lo cierto es que nunca sabré a ciencia cierta cuánto influyó la visualización en los resultados finales de las carreras. Lo que sí puedo asegurar es que [en muchas ocasiones] lo que imaginé en mi cabeza ocurrió exactamente como en la realidad».
JORGE LORENZO

Otro de los deportistas más exitosos de nuestro país, Saúl Craviotto, que ha obtenido cuatro medallas olímpicas como piragüista internacional, cuenta: «Me visualizo ganando y levantando el brazo en la meta las noches anteriores a la competición. Visualizo la victoria. Eso también me pone nervioso y me acelera el corazón, pero me funciona».

Una de las personas que más asombrosamente han creado su propia realidad es Arnold Schwarzenegger. En sus memorias, cuya lectura te recomiendo si quieres aumentar tu **autoconfianza** y creer más en ti, afirma: «Me convencí de que yo era especial y estaba destinado a cosas más grandes. Sabía que sería el mejor en algo, aunque no sabía en qué, y que sería famoso». Schwarzenegger, que llegó a ganar el título de Míster Universo, también explica lo siguiente: «Siempre había imaginado que yo llegaría a estar en ese pedestal y lo visualizaba muy claramente, sabía lo que iba a sentir y también cómo me vería... Me imaginaba a mí mismo en el pedestal, con el trofeo en la mano. Todos los demás estarían abajo. Y yo miraría para abajo».

En los meses previos a la presentación de mi primer libro, yo estaba muy nervioso. Había salido ya por televisión en algunas ocasiones, pero jamás había hablado ante una gran audiencia. Entonces, empecé a combinar afirmaciones que me tranquilizaban con una visualización en la que me veía saliendo tranquilo y sonriente al escenario, acompañado por Màxim Huerta, y compartiendo con un público maravilloso todo lo que había supuesto para mí el proceso de escritura del libro. Imaginaba una sala grande y abarrotada de gente que se reía. Y, en definitiva, imaginaba que todo salía bien. Eso me dio **tranquilidad**. Finalmente, la presentación fue genial..., tal y como yo la había visualizado.

¡CONSIGUE QUE TU CEREBRO TRABAJE PARA TI!

Si quieres, **combina las afirmaciones y la visualización**. Después de hacer tus afirmaciones, cierra los ojos durante unos segundos o un par de minutos y visualízalas como si ya fueran realidad ahora mismo. Siempre te resultará más fácil visualizar si estás en calma, por lo que también te recomiendo una **meditación guiada**, como la que hago con las personas que acuden a mi consulta.

Repito una cosa muy importante: las afirmaciones y la meditación creativa funcionan con retraso. No esperes ver los resultados el mismo día. **Sé paciente y tenaz**, porque tu cerebro necesita realmente transformarse después de pensar en términos negativos tanto tiempo. ¡Hay afirmaciones que yo he tenido que repetirme más de un año para que mi mente las aceptara!

Personalmente me gustan mucho las **afirmaciones de autoestima**, así que te daré varios ejemplos. Como todas las personas, **necesitas quererte y apreciarte** para disfrutar de la vida y tener una experiencia buena. Mucha gente se dice cosas horribles en su diálogo interno, mensajes tóxicos inútiles que únicamente despiertan emociones de supervivencia, las cuales envían mensajes químicos al cuerpo y a las células para activar genes que perjudican la salud.

Elige siempre afirmaciones
que te den fuerza para vivir.

Hazte afirmaciones positivas, preferiblemente breves. Sin embargo, no hay unas reglas rígidas: también puedes escribirte un párrafo entero, como si fuera una oración, y repetirlo durante varios días o semanas. Te regalo las principales afirmaciones que empleo conmigo mismo y con las personas a las que ayudo como coach y mentor. Son declaraciones que sirven para la mayoría de las personas porque están relacionadas con la **autoestima** y la **confianza**.

Quiérete y confía en ti

Gracias a las afirmaciones estás reprogramando conscientemente tu cerebro. Cuando la afirmación positiva reemplace a la idea limitante que tenías, habrás creado una nueva conexión sináptica entre las neuronas de tu cerebro. Con estas afirmaciones te querrás más, confiarás más en ti..., ¡y, con el tiempo, tus afirmaciones comenzarán a hacerse realidad!

Confío en mí y en el curso de la vida.

Me acepto y me apruebo tal y como soy.

Soy valioso/a, soy fuerte y puedo conseguir lo que me proponga.

Soy capaz de lograr todos mis objetivos.

Tengo talento, me valoro y me permito expresar mi creatividad.

Me permito tener éxito y ser feliz.

Me permito cambiar y crecer.

Me permito disfrutar de la vida.

Me doy permiso para realizarme.

Soy digno/a de amor y me merezco tantas cosas buenas como los mejores.

Doy y recibo amor todos los días.

Acepto mi cuerpo tal y como es.

Cada día me siento mejor en todos los sentidos.

Las cosas suceden en el momento adecuado.

Todo cobra sentido con el paso del tiempo.

Me gusta cuidar mi cuerpo y nutrirme saludablemente.

Tengo el poder de reenfocarme y ser feliz pase lo que pase.

Cada día duermo mejor.

Hoy decido ser todo lo que puedo llegar a ser.

Cada vez disfruto más y mejor de la vida.

Me merezco todo lo bueno.

Por hoy soy feliz y doy lo mejor de mí con todas las personas y todas las cosas.

Mis deseos siempre se cumplen en el momento perfecto.

Hoy tengo y siempre tendré todo lo necesario para ser feliz.

Mis relaciones son cada vez mejores.

Amo a mi pareja y la apoyo en todo, y mi pareja me ama y me apoya en todo.

Siempre tengo recursos.

Creo en mí y en mis posibilidades.

Me abro a las infinitas posibilidades de la vida.

Me abro a la magia de la vida.
Reboso de vitalidad y energía.
Me resulta gratificante trabajar y ganarme la vida.
Estoy tranquila y en paz conmigo misma.
Vivo en la abundancia y me permito disfrutar del dinero.
Mi trabajo siempre me abre puertas nuevas.
Trabajo con gente maravillosa.
Encuentro buenas oportunidades allá donde voy.
Soy capaz de reenfocarme en un instante.
Me siento exitoso aquí y ahora.

Las he pensado para que te lleven a más **fuerza**, más **poder**, más **salud** y más **alegría de vivir**. Elige aquellas con las que más te identifiques o que mejor se ajusten a tus objetivos actuales, y **empieza a trabajar**. O invéntate otras que apoyen tus propósitos vitales en este momento. También puedes, dependiendo del momento de tu vida en que te encuentres y lo que ahora necesites, trabajar durante un tiempo con todas a la vez. ¡Sería ideal que las leyeras o dijeras todas diariamente durante unos meses! Yo he desarrollado gracias a ellas muchas creencias que me ayudan en mi vida y me llevan a tener más salud y fuerza, por lo que deseo que tú hagas lo mismo.

Convéncete de que es posible
y alcanzarás lo que deseas.

Algunas de las personas que me consultan se quejan de que no les resulta fácil acordarse todos los días de hacer afirmaciones y ponerse a ello. A mucha gente le cuesta integrar en su vida un hábito nuevo, como ir al gimnasio, por ejemplo. Nos cuesta llevar a cabo algo que nunca hemos hecho. Nos cuesta **salir de la zona de confort** en la que está instalada nuestra mente, tanto si sufrimos como si no. Si yo empezara ahora a escalar montañas, al principio me costaría mucho trabajo. Pero con **tiempo**, **paciencia** y **práctica**, finalmente podría convertirme en un escalador fenomenal. Lo mismo ocurre con el **trabajo mental**.

Pero este trabajo es necesario y muy beneficioso para que dejes de ser una marioneta en manos de tu subconsciente. Si repites con conciencia una nueva afirmación y te concentras en ella, acabará convirtiéndose en una nueva creencia que, a su vez, te impulsará hacia tus objetivos sin esfuerzo.

Practica la visualización

Toma un papel y un bolígrafo. Busca un lugar tranquilo, donde puedas relajarte, y escribe una situación concreta que quieres que se haga realidad.

Cierra los ojos y haz entre cinco y diez respiraciones profundas. A continuación, imagina esa realidad deseada como si estuviera sucediendo en el presente, justo en este preciso instante.

Imagínate alegre y feliz por ese logro ya conseguido y agradécelo.

Para finalizar, imagina cómo le contarías a uno de tus mejores amigos lo que has conseguido y cómo te sientes.

4

Confía en ti

Si hay una inteligencia que lo une todo y está en todas partes, también está dentro de ti. Una planta no tiene que pensar para crecer. También tú sabes, en tu interior, cómo expandirte. Todo tu trabajo es seguir expresando vida. **Cada vez que te enfrentas a un reto nuevo, tienes una oportunidad para seguir creciendo.** Si te relajas y conectas con la sabiduría que hay en tu interior, sabrás cuál es el siguiente paso que te corresponde dar.

Confiar en ti es saber que un paso te lleva a otro, y a otro, y a otro...

Cuando confías en ti, no necesitas saber dónde está el final porque entiendes que la vida es un juego en el que no llegarás a una última meta, en el que no vas a encontrar la respuesta definitiva. Cuando pienses que ya estás llegando, aparecerá otra meta más lejana. Siempre caminarás hacia algún lugar. Puedes hacerlo siendo infeliz —con angustia, miedo y resignación— o seguir tu camino con **alegría**, **entusiasmo** y **satisfacción**. Yo prefiero esta segunda opción.

EL PODER DE LA CONFIANZA

Quien cree en sus sueños —o, mejor aún, sabe que se van a hacer realidad— tiene confianza en sí mismo. Se trata de tener fe y no dudar: si todavía no ves tus deseos hechos realidad es porque están en camino. Y llegarán, pero aun así la vida te seguirá sorprendiendo con nuevos retos y regalos. Porque nunca podrás saberlo todo. Y eso es maravilloso.

«Cuando alguien de verdad necesita algo y lo encuentra, no es la casualidad quien se lo procura, sino él mismo. Su propio deseo y su necesidad le conducen a ello».
HERMANN HESSE

Cuando tengas un nuevo deseo, en lugar de sentirte mal por lo que quieres en tu vida pero aún no has conseguido, alégrate por lo que vas a lograr y confía en que así será. Cuando tienes confianza, los deseos simplemente te informan de las cosas maravillosas que van a venir a continuación. Eso es la fe: **saber que lo que deseas, pero aún no ves, realmente va a llegar**. Y ese convencimiento hará que tu camino sea mucho más agradable, que avances con tranquilidad y disfrutando del paisaje. Desde ese estado de felicidad, tendrás una actitud más proactiva, te abrirás más a las posibilidades y tu deseo se hará realidad más rápido.

Cuando tienes fe en el futuro, disfrutas mucho más del presente.

Cuando no puedes disfrutar de tu presente, aparece el miedo. El miedo te indica siempre que aún no confías lo suficiente. Recuerda: puedes llegar a ser, hacer o tener lo que deseas siempre que esté en sintonía con tu destino.

¿Qué harías si tuvieras la seguridad interior de que vas a triunfar y vas a tener éxito? Cuando confías en ti, llegas a saber que **no hay nada que no puedas conseguir**.

¿Crees que Gandhi habría pasado a la historia si no hubiera creído totalmente en que lo mejor es que cada persona fuese el cambio que quería ver en el mundo?, ¿acaso Penélope Cruz habría conseguido el premio Oscar si no hubiera creído en ella y en sus posibilidades?, ¿podría Barack Obama haber llegado a ser el primer presidente afroamericano de Estados Unidos sin haber creído en sí mismo o en sus capacidades?

Para saber si confías en ti, solo tienes que responder a esta pregunta: «¿Disfrutas durante el proceso de hacer realidad tus deseos?». Si la respuesta es negativa porque vives ese camino con dudas y angustia, aún tienes que aprender a confiar más en ti.

Lo que más me interesa es enseñar a los demás a disfrutar de este viaje, de la vida, sin necesidad de renunciar a sus sueños. **La única condición para que tus sueños se cumplan es que tengan que ver con tu yo esencial**, es decir, que sean deseos verdaderos que te haya inspirado la vida. Confía y no seas impaciente: el modo más eficaz de alcanzar tus sueños es caminar gozosa y tranquilamente hacia ellos. ¡Y pasa a la acción!

«Aquello que puedes hacer o sueñas que puedes hacer comiénzalo. La audacia tiene genio, poder y magia».
JOHANN WOLFGANG VON GOETHE

LA MAGIA EXISTE

Aquellos que creen en la **magia** están destinados a encontrarla. Comienzo este apartado con esta bella frase que para mí viene cargada de sentido e inteligencia: **cuando crees en algo, pones los medios para hacerlo realidad**.

«¿Sabes qué problema hay con este mundo? Todo el mundo quiere una solución mágica para su problema, y todo el mundo se niega a creer en la magia».
LEWIS CARROLL

Estoy convencido de que quien no cree en la magia no sabe demasiado de física cuántica, la ciencia que estudia el comportamiento de la materia a nivel microscópico. Cito textualmente unas palabras de la científica Sonia Fernández-Vidal en un programa de televisión (puedes ver el vídeo completo en mi canal de Youtube):

> La física cuántica nos describe cómo se comportan las partículas fundamentales, las partículas muy pequeñitas, que son las que nos forman a nosotros... Estas partículas se comportan de una forma extraordinaria, casi casi parece mágica: pueden atravesar paredes, pueden teleportarse, pueden estar en varios sitios al mismo tiempo...

Has leído bien: ¡a un nivel subatómico, las partículas pueden moverse de un lugar a otro instantáneamente!, ¡y pueden estar en dos sitios a la vez!, ¡y pueden materializarse o no dependiendo de que alguien las observe o no! ¡Lo explican los científicos! Y yo me pregunto una y otra vez, sin hallar respuesta: ¿cómo podemos vivir como si no pasara nada una vez que los científicos han demostrado este tipo de cosas? Piensa que todo lo que ves, incluido tú mismo, está hecho de átomos, y que dentro de esos átomos hay partículas subatómicas: protones, neutrones y quarks. Y esas partículas pequeñitas, la base de todo, ¡están vacías! ¿Y qué hay dentro de ese espacio vacío? ¡Energía!

Estas partículas que hacen cosas extrañas y mágicas, sin explicación lógica o racional, desafían todo lo que los científicos habían considerado probado hasta hace unos cien años. Y si es así, ¿qué se podrá descubrir en un futuro? ¡Todo es posible!, ¿te das cuenta? De hecho, si a un científico materialista del siglo XIX alguien le hubiera explicado los principios de la física cuántica, habría pensado que era imposible. Sin los aparatos necesarios para ver qué se esconde detrás de la materia, ese científico aceptaba que las leyes de Newton eran las únicas que regían el universo, que todos estábamos separados y que la realidad era lógica. Pero hoy sabemos que la naturaleza esencial del universo es la no materia.

Por tanto, el cuerpo humano está tan vacío como el espacio intergaláctico. Si el universo está hecho de la nada, ¿qué es esa nada de la que procedemos? ¿Podría ser una energía creativa e inteligente que lo conecta todo? Sonia Fernández-Vidal comenta:

> Una de las ideas con las que rompe la física cuántica es que el universo no es una maquinaria enorme en la que los seres humanos jugamos un papel insignificante. La realidad no está del todo definida y quizá nuestra observación, o nuestra conciencia, juega un rol fundamental en esta visión del universo.

Repito: lo dicen los científicos. Nuestra observación de la realidad podría alterar la realidad misma. ¿No os parece fascinante y esperanzador? La física cuántica ha demostrado que **todo en el universo está conectado** y que todo en él, incluido tú, está hecho de lo mismo que están hechas las estrellas y de lo mismo que existía cuando se produjo el Big Bang, es decir, de partículas subatómicas o quarks.

El mundo físico, todo lo que vemos, no es independiente del observador, entre otras razones porque veremos una cosa o veremos otra en función de los instrumentos empleados. Si observamos la realidad a través de nuestros ojos y nuestro cerebro, veremos una cosa. Pero si lo hacemos a través de los ojos y el cerebro de un camaleón, una serpiente o una mosca, percibiremos un mundo distinto. De la misma manera, un microscopio de alta tecnología nos dejará ver una realidad totalmente diferente. Cada instrumento da una imagen de la realidad, pero la realidad siempre es totalmente diferente de nuestra percepción de ella. Lo que se ve es una mera interpretación.

La realidad es una respuesta
o una creación del que observa.

John Wheeler, un prestigioso científico que fue colaborador de Einstein, dijo: «Ningún fenómeno es un fenómeno real hasta que es un fenómeno observado. No somos meros espectadores de un viaje cósmico, somos creadores viviendo en un universo participativo». Yo me pregunto una y otra vez: ¿y si observando la posibilidad que queremos que suceda aumentamos mucho las probabilidades de que efectivamente llegue a formar parte de nuestra realidad? Hacia dónde miras importa: vas a avanzar hacia el lugar que estás observando.

Hasta hace relativamente poco, solo habíamos aprendido a ver el mundo bajo la mirada del materialismo: confiábamos totalmente en lo que nos decían nuestros sentidos físicos. Pero es fácil comprobar cómo estos nos engañan muchas veces. Por ejemplo, mis sentidos me dicen que el suelo está quieto, pero sé que eso no es cierto: en realidad la Tierra se desplaza a cientos de miles de kilómetros por hora.

Abrirse a la magia significa abrirse a lo que la ciencia no ha podido demostrar hasta la fecha actual, lo cual no quiere decir que no lo haga en un futuro. De hecho, un viejo proverbio dice que el trabajo único de la ciencia es hacer posible y demostrar lo que se consideraba magia en el pasado. Y dado que dentro de doscientos años los científicos habrán descubierto cosas que todavía no se pueden demostrar y que ni siquiera podemos imaginar, lo más sensato sería creer en lo imposible.

¿No te parece un poco milagroso o cuanto menos extraño vivir en un planeta azul suspendido en el espacio que da vueltas alrededor de una bola enorme de gas ardiente como el sol y con una luna que mueve mares? A mí no me parece muy lógico, pero es la realidad. Tampoco me lo parece que tú y yo estemos hechos casi por completo de espacio vacío. ¿Lo sabías? ¿Y sabías que ese espacio vacío contiene energía? A mi cerebro, que registra la realidad a través de lo que mis ojos pueden ver y mis manos pueden tocar, le parece algo muy raro. Pero la ciencia sabe que es así.

Es cierto que a mi cerebro le parecen raras muchas cosas, pero aun así puedo servirme de ellas. Por ejemplo, le parece alucinante enviar un correo electrónico a través del móvil a la otra parte del mundo…, ¡y, sin embargo, puedo hacerlo! A mis bisabuelos les hubiera parecido una locura. Mi sobrina María me enseñó el pasado verano una aplicación en su móvil que le decía, tras apuntar al cielo, ¡el nombre de las estrellas! Eso a mi cerebro le parece rarísimo. ¿Cómo va a averiguar el teléfono a una distancia tan grande el nombre de una estrella? ¡Mi cerebro no consigue entenderlo! Pero es la realidad.

Ajustarse a la realidad no tiene nada que ver con mirar los hechos que te rodean como si fuera lo único que existe. Al contrario, una persona realista sabe que miles de cosas que parecen ilógicas e imposibles son posibles. Hay cosas que tus ojos no pueden ver, pero que están ahí. También es muy raro lo de la relatividad del tiempo: el hecho de que, a velocidades cercanas a la de la luz, el tiempo transcurra más despacio. Incluso los latidos de tu corazón transcurrirían más despacio a esas velocidades tan rápidas. ¿No te parece fascinante? Es una realidad probada por los científicos, ¡pero parece imposible!

Aceptar la realidad es aceptar lo inexplicable.

Yo era una de esas personas muy racionales, de mente analítica. Muy escéptico, no creía en nada que no pudiera ver con mis ojos. No creía en Dios ni en nada que no pudiera tocar. Pero cuando entendí el funcionamiento del cerebro, me dije: «Curro, esto no es como tú lo ves. Simplemente ocurre que tu cerebro está cerrado a ideas que van más allá de la razón. Pero si realmente quieres salir de ahí, puedes hacerlo». Y me dediqué a estudiar cómo pensaban las personas con la mente más abierta. Poco a poco, **transformé mi cerebro**: las conexiones neuronales que me hacían no confiar en nada más que en lo que veía y tocaba cambiaron y pasé a confiar en mí mismo y en la vida.

Desconocemos los más profundos misterios de la vida, pero aun así hay gente que trata de cerrarse a lo mágico, que no es más que lo que todavía no se ha podido demostrar. Yo no sé si dentro de mil años se descubrirá el más allá o se demostrará que son ciertas las experiencias cercanas a la muerte (ECM) vividas por miles de personas. Puede que se descubra todo o puede que no. Pero sé que, si limitas tu visión de la vida a lo que se puede demostrar hoy en día, te vas a perder muchísimas cosas, vas a cerrarte a muchísimas posibilidades y, peor aún, te obligarás a rechazar como mentirosas o locas a muchísimas personas que cuentan experiencias que la ciencia actual no puede demostrar. Hay tantos casos de curación espontánea de enfermedades, de poderosas intuiciones y de sincronías casi mágicas que me parece una locura rechazarlas todas y atribuirlas a la casualidad. Y repito, yo era la persona más escéptica del mundo.

Alanis Pizarro tuvo una **experiencia cercana a la muerte** en abril de 2015. Me la contó en el salón de su casa, mientras yo, grabadora en mano, la escuchaba atentamente. Entiendo que puedas creerla o no. Tal vez yo tampoco lo haría si no fuese porque no solo es una de mis mejores amigas, sino también una de las personas que más admiro. Alanis experimentó cosas que desconocía. Solo después, empezó a creer en las experiencias cercanas a la muerte y a leer las que otras personas habían vivido antes que ella. Se quedó de piedra al ver que los testimonios coincidían bastante con lo que había experimentado. Por ejemplo, cuando leyó *La prueba del cielo*, de Eben Alexander, Alanis se quedó impactada: lo que narraba aquel reputado neurocirujano estadounidense que un día cayó en coma y tuvo una experiencia maravillosa fuera de su cuerpo era exactamente igual a lo que había vivido ella. Ambos, tanto mi amiga como Alexander, coinciden en que hay algo mucho más grande que nuestros egos y nuestros puntos de vista limitados, un lugar en el que no existen el tiempo, la muerte y la maldad, donde todo es paz, confianza, amor y felicidad. Suena bien, ¿verdad? ¡Pues pon de tu parte para creer en ese lugar!

¿Qué fue lo más importante de vivir aquella experiencia?, pregunté a mi amiga. Alanis me respondió:

> Me contemplaba a mí misma más yo que nunca. Esta mujer que ves ahora hablando contigo no soy yo al cien por cien ni de lejos, pero cuando abandoné mi cuerpo sí lo era. Allí no había dudas, no había maldad, no había engaños ni miedo ni rechazo. Había música, éxtasis, alegría. Me sentía superfeliz, llena de amor. Y cuando volví a este mundo, entendí que esto era una película, que todo lo que vivimos aquí era una película. Para mí la vida aquí era una broma. Gané mucha tranquilidad. Me decía: ah, bueno, pero cuando morimos está la eternidad y el amor, ¿qué más da lo que ocurra aquí? [...] Soltando el miedo y la desconfianza ya hemos ganado aquí más de la mitad del paraíso. Porque el paraíso se puede vivir aquí en la tierra y en casi cualquier situación. El verdadero paraíso es sentir paz interior absoluta. Y sí, hay situaciones en las que sentir esa paz es más difícil, como podría ser en un campo de concentración. Pero al mismo tiempo hay gente que, sin estar en un campo de concentración y teniendo salud, casa, comida, trabajo y familia, vive un auténtico infierno. Por eso, aunque entiendo que a veces cuesta verlo, lo que cada uno experimenta no depende de las circunstancias.

Eben Alexander asegura que el más allá finalmente podrá ser demostrado por la ciencia, y yo pienso que tal vez tenga razón. ¿Quién puede saberlo?

No creo que la explicación a los miles de testimonios de experiencias cercanas a la muerte sea que el cerebro humano está programado para crear esa realidad tan nítida cuando una persona está en coma o clínicamente muerta. Los neurólogos aseguran que en esos momentos la actividad cerebral es prácticamente nula y, por tanto, la mente no podría, ni de lejos, generar unas vivencias tan nítidas e increíbles como las descritas.

Por eso, si te liberas de los muros de la razón, como me liberé yo, y vives más allá de lo que tu mente entiende, tus límites se amplían enormemente.

Abre tu vida a las infinitas posibilidades.

Durante muchos años le pedí fe a la vida. Yo quería creer, pero tenía miedo, desconfiaba de todo y tenía dudas grandes como agujeros. No olvidaré aquella secuencia de la película *Cosas que nunca te dije*, de Isabel Coixet, en la que la protagonista decía que la fe era muy injusta porque unos la tienen y otros no. Me pasé años esperando a que alguien me convenciera de lo contrario y me enseñase cómo aumentar la fe. Por fin, en 2010, Carmen Giménez-Cuenca dijo lo que tantos años llevaba deseando escuchar.

La aventura de aprender a confiar ha sido larga, fría y a veces complicada. En algunos momentos, me he sentido muy solo. Pero ahora que lo he conseguido puedo decir que Isabel Coixet estaba equivocada. **Creer es una cuestión de elección.** Lo sé porque una vez que decidí confiar en la vida, esta empezó a ayudarme.

«Es que todo es muy raro,
en cuanto te fijas un poco. Lo raro es vivir».
Lo raro es vivir, CARMEN MARTÍN GAITE

LA VIDA ES UN MISTERIO

Yo tenía tantas ganas de creer en la vida que, a pesar de mi cerebro tan escéptico, hará tres o cuatro años empecé a anotar en una libretita las cosas sin explicación que me sucedían. También escribía las vivencias de personas muy cercanas en las que confiaba totalmente. Hace poco, comprobé que he anotado más de quince cosas. Y entonces entendí que las experiencias de otras personas que yo tanto envidiaba también me habían sucedido a mí mismo.

Voy a contar aquí dos de ellas, y dejaré otra, la más bonita, para el final de este libro.

En la primavera de 2014 me encontraba totalmente bloqueado con la escritura de mi primer libro. Lo que contaba en él me obligaba a profundizar en la muerte de mi hermano, que había sido muy dramática, y en los oscuros abismos de mi propia personalidad. El libro se me resistía y me aterrorizaba que mi familia no me entendiera. Un día, tuve un ataque de pánico y pensé en abandonar. Esa noche fui a dar un paseo por el Retiro y, mirando a las estrellas, hice un trato con el universo: si en veinticuatro horas me daba una señal clara y convincente de que ese libro tenía sentido, llegaría hasta el final. De lo contrario, me rendiría. Al día siguiente, a primera hora de la tarde, entré en una aplicación de citas y empecé a hablar con un chico. Cuando nos despedíamos, le pregunté su nombre. «Me llamo Demian», me dijo. «¿Demian?», pregunté sin podérmelo creer. «Sí, es que mis padres eran lectores de Hermann Hesse». No solo era el título del libro preferido de mi hermano, sino también el de uno de los personajes del que yo estaba escribiendo. Y no es que fuera un nombre muy común. Como sé que a las señales hay que hacerles caso, poco después dejé mi trabajo en *Vanity Fair* y abandoné Madrid durante seis meses para centrarme exclusivamente en la escritura.

«Contempla con ojos radiantes el mundo que te rodea, porque los mayores secretos se esconden siempre donde menos se piensa. Quien no cree en la magia nunca la encontrará».
GUSTAVE FLAUBERT

En otra ocasión, hace años, acudí a un taller de mi admirada Cristina Cáceres Mangas para aprender a conectar con nuestra sabiduría interior. Casi al comienzo, poco después de las presentaciones, Cristina nos entregó un botellín de agua a cada uno y nos pidió que escribiéramos una palabra que representase lo que más deseábamos conseguir en ese taller. Nos facilitó un rotulador permanente y lo fuimos pasando de mano en mano. Yo escribí «CONFIANZA». A continuación, Cristina vertió unas gotas de flores de Bach en cada botella y nos pidió que le diéramos sorbitos muy pequeños cada dos horas para que nos durara todo el taller. Cinco horas más tarde, mientras charlaba con Belén, una chica muy simpática que estaba sentada a mi lado, reparé en que mi botella no tenía la palabra que había escrito. Belén comprobó que la suya, al igual que la de los otros quince participantes, seguía allí. Cristina me dijo que quizá yo había utilizado otro rotulador, porque el que ella nos había prestado era indeleble, como había comprobado en cientos de talleres. Aquello me extrañó, porque estaba seguro de que había empleado el mismo que los demás, pero no le di mayor importancia. Cristina me dio el mismo rotulador permanente y, bajo la mirada atenta de todos, volví a escribir: «CONFIANZA». Cuando nos despedimos hasta el día siguiente, Cristina nos dijo que dejáramos allí la botella de agua. Al día siguiente, hacia las once de la mañana, comprobé que la palabra había desaparecido una vez más. Me sobresalté. Levanté la mano, detuve el taller y expuse el caso a mis compañeros. Todos menos yo tenían su palabra perfectamente escrita.

Antes no creía en nada que no pudiese explicar a través de mis cinco sentidos, pero desde hace tiempo he ampliado mi **perspectiva**. Ahora sé que en la vida hay muchas cosas que mis sentidos físicos no perciben y que no tiene sentido pensar que solo existe lo que vemos o es comprobable.

¿Has percibido alguna vez las malas vibraciones que te transmite una persona negativa? ¿Has comprobado lo bien que te sientes cuando estás junto a alguien alegre y positivo? Lo notas porque **podemos percibir la alta y la baja energía**. Y también podemos transformar esa energía en nosotros mismos: es justo lo que hacemos cuando logramos salir del agujero negro. Cada vez que escapas del agujero negro, tienes alta energía y eres feliz. Al caer, te ocurre justo lo contrario: acumulas baja energía y te sientes infeliz.

¿Te has preguntado cómo ciertas aves atraviesan continentes, todas juntas, sin chocarse y sin haberse puesto de acuerdo antes de partir sobre cuál es su destino?, ¿cómo una hormiga sabe qué debe hacer para no morir de frío en invierno?, ¿cómo es posible que un gusano incapaz de volar se convierta en mariposa? Hay

magia en todo eso. Si la hormiga sabe lo que tiene que hacer gracias a su **sabiduría interior** y sin necesidad de pensar ni razonar, ¿puedes aceptar que esa **inteligencia universal** que vemos en la naturaleza también está dentro de ti porque formas parte de ella?, ¿puedes confiar en esa inteligencia plenamente, incluso más que en tus procesos de pensamiento tantas veces limitantes?

«Podemos creer que no existen los milagros o que todo es un milagro».
ALBERT EINSTEIN

Elijo pensar que **todo en la vida es un milagro**. No solo porque es la opción más optimista, sino porque me parece una auténtica locura caer en el materialismo. Las personas más materialistas piensan que todo es aleatorio, que todo existe por azar o por pura casualidad y que, de la misma manera que existe, el universo podría no haber existido nunca. Yo podría preguntarles: «¿Estáis seguras de que una explosión como el Big Bang ha podido crear un universo como este sin que exista una inteligencia detrás?». Las explosiones causan caos y destrucción, no un universo tan increíble como el que vivimos.

Las personas sin fe —que pueden estar tan equivocadas como quienes creemos que la vida tiene un sentido— no ayudan en absoluto a aquellas que necesitan confiar para poder vivir, ni siquiera se están ayudando a ellas mismas porque, por fuertes que sean, es probable que en algún momento necesiten **creer en la vida**. Además, si finalmente estuvieran equivocadas y sí hubiera algo más que lo que se ve, se habrían pasado una vida negando algo muy poderoso.

Si decides creer, si decides tener fe en la vida, si decides que todo forma parte de algo mucho más grande y que **todos estamos aquí para aprender**, vivirás con más fuerza. ¿Qué es lo peor que puede pasar? El único riesgo de creer es que, al morir, descubras que no hay nada..., ¡pero ya no te importará!

«La ciencia no puede resolver el misterio último de la naturaleza porque en el análisis final nosotros mismos formamos parte de la naturaleza y, por tanto, del misterio que intentamos resolver».
MAX PLANCK

Las personas ateas y materialistas están convencidas de que no existe nada más allá de lo que les dice su razón y creen que los seres humanos no somos más que un conjunto de huesos, sangre, cartílagos, órganos, cerebro... Pura materia. No sé si se preguntarán cómo el cuerpo puede realizar los millones de funciones que realiza, de forma coordinada y perfecta, sin estar enchufado a nada. Albert Einstein, uno de los científicos más brillantes de la historia, escribió en su libro *Mi visión del mundo*: «Al intentar llegar con nuestros medios limitados a los secretos de la naturaleza, encontramos que tras las relaciones causales discernibles queda algo sutil, intangible e inexplicable. Mi religión es venerar esa fuerza que está más allá de lo que podemos comprender. En ese sentido, soy de hecho religioso».

Y otro reputado científico, el físico y matemático Max Planck, dijo al recoger el premio Nobel: «Como hombre que ha dedicado su vida entera a lo más claro y superior de la ciencia, al estudio de la materia, puedo decirles, como resultado de mi investigación acerca del átomo, lo siguiente: no existe la materia como tal. Toda la materia se origina y existe solo por la virtud de una fuerza la cual trae la partícula de un átomo a vibración y mantiene la más corta distancia del sistema solar del átomo junta. Debemos asumir que detrás de esta fuerza existe una mente consciente e inteligente. Esta mente es la matriz de toda la materia».

«¿Tú crees en Dios, papá?», le pregunté en julio de 2018 a mi padre. Nunca le había hecho esa pregunta. «No, si te parece, todo esto lo ha parido una vaca», respondió mientras señalaba con la mirada la playa, el mar y el cielo, pues estábamos comiendo en el chiringuito. Me encantó saber que mi padre y yo, que tantas veces hemos opinado diferente, estábamos completamente de acuerdo en ese punto tan importante.

¿Te resulta beneficioso creer en Dios? Cuando hablo de Dios no hablo del Dios de ninguna religión en concreto, sino de un Dios que está por encima de todas las religiones. La espiritualidad supone entender el mundo como algo más que materia, casualidad y azarosa evolución. Las personas espirituales pensamos que detrás de todo lo que vemos hay un «para qué», algo que no llegaremos a entender totalmente, pero que al mismo tiempo hace que todo tenga sentido. Y creemos que dentro de nosotros hay algo más sabio que nosotros. La verdadera espiritualidad siempre nos lleva a más libertad, nunca trata de limitar nuestra vida.

Creo firmemente que la inteligencia es la que crea la materia, y no al revés. Los materialistas, en cambio, piensan que todo se creó de una forma azarosa y que lo mismo podría no haberse creado. Desde este punto de vista, tú y yo estamos aquí por suerte. ¡Menuda suerte hemos tenido!

Numerosos científicos están investigando cosas que aún hoy no tienen explicación, y a menudo salen estudios que revelan datos asombrosos que para nuestra mente no son nada lógicos. No tenemos ni idea de las cosas que se descubrirán en el futuro, del mismo modo que muchas personas que vivieron en otra época hubieran visto imposible que un día pudiéramos volar en un avión, ver la televisión, navegar por internet o hablar con un móvil desde distintas ciudades del mundo.

Hay muchas maneras de entender la palabra *dios*. Podemos hablar de la fuerza o inteligencia universal de la que hablaron Einstein o Max Planck. Y he descubierto que, si confías en la vida, es más fácil ser feliz, se consiguen más cosas y vives con más energía. Cuando tienes una fe inquebrantable, puedes conseguir todo lo que te propones.

La vida es un viaje hacia una mayor conciencia. Todo lo que vives tiene un propósito y todo sucede por una razón, incluso cuando la desconoces. **Todo te sirve para aprender y evolucionar, incluso lo que no sale como esperabas.**

Pregúntate:
¿Qué está tratando de enseñarme la vida en este momento?

VIVE CON INTENCIÓN Y PROPÓSITO

No tienes ni idea de todos los complejos e infinitos mecanismos que han tenido que darse para que tú existas en este momento. Por tanto, **valora tu vida.** Nunca olvidaré las palabras que José Luis Sampedro dijo en una conferencia a la que asistí siendo un joven estudiante de Periodismo: «Todos tenemos no solo el derecho de vivir, del que tanto se habla, sino la obligación de hacerlo. Todos tenemos un potencial que es un chispazo del cosmos universal y tenemos que sacarlo, cada uno el suyo, no importa si quieres ser futbolista, científico, profesor o astronauta, lo que sea».

Todos queremos hacer algo en esta vida que merezca la pena, pero solo algunos estamos dispuestos a hacer el trabajo que conlleva. **Proponte sacar el potencial con el que naciste y líbrate de la pereza.** Vive diariamente con intención y propósito, es decir, no te dejes llevar por las circunstancias fortuitas, el azar o los encuentros casuales. No seas como un corcho que va a la deriva, empujado por todo lo que a diario se mueve a tu alrededor.

Vivimos en una sociedad que nos bombardea con cientos de estímulos diarios. Por ello, para centrarte en tu intención sin desviarte, debes **saber qué quieres**, **comprometerte con ello** y **decir «no» a otras personas, a las distracciones y a tus propias excusas**, porque de ese modo estarás diciendo «sí» a lo que verdaderamente deseas.

El psicólogo y escritor Wayne Dyer ponía el ejemplo de un pitbull que tiene en la boca, bien sujeta con sus dientes, una pelota de tenis. Nadie puede quitársela. Pues ahora imagina que tú eres el pitbull y que esa pelota es tu intención: has de aferrarte a ella para **que nada ni nadie te impida cumplir tu cometido**.

Vivir con propósito también es dar una intención a cada cosa que haces, a cada actividad que llevas a cabo y, en definitiva, a tu vida. Porque solo de ese modo sabrás qué merece la pena, qué proyectos te interesan y a qué quieres dedicar tu valiosa energía. Y, al mismo tiempo, averiguarás en qué no debes perder tu tiempo y tu esfuerzo.

Pregúntate: «¿Para qué quiero realmente hacer esto?», «¿me lleva esta propuesta a mis objetivos y deseos actuales?». No importa el objetivo que tengas: **necesitas avanzar hacia tu futuro**, un futuro que te guste, que te motive y te haga seguir adelante. Esto no te impedirá vivir el presente; al contrario, te facilitará vivir con entusiasmo.

Puedes darle una intención a cada actividad que hagas a lo largo del día, también en tu vida personal. «¿Qué podemos hacer para mantener nuestra pasión?», podría preguntarse una pareja cuya intención es conservar su amor. Porque el amor, como el trabajo, la amistad y, en definitiva, todo lo que valoramos en la vida, es necesario cuidarlo y mimarlo a diario. Para hacer ese buen trabajo, únicamente hay que proponérselo.

El amor es un arte que exige trabajo y dedicación.

Una vez conocí a un hombre muy interesante que me dejó sin palabras cuando le pregunté a qué se dedicaba: «Me dedico a dar amor a través de la barra». ¿No os parece una manera bonita de describir su trabajo de camarero?

DESCUBRE (O DECIDE) CÓMO QUIERES QUE SEA TU VIDA

Todos tenemos un propósito: sacar a la luz el enorme potencial que nos ha regalado la vida. Unas personas mueren sin haberlo intentado, otras no lo alcanzan y muchas se proponen cumplirlo todos los días y lo consiguen. Y algunas, como mi amigo el actor Santi Senso, cumplen su propósito sin necesidad de haberse propuesto nada.

Lee estos hermosos versos del poeta místico Rumi (siglo XIII):

> Naciste con potencial.
> Naciste con confianza y bondad.
> Naciste con sueños e ideales.

Naciste con grandeza.
Naciste con alas.
No estás destinado a arrastrarte.
Tienes alas.
Aprende a usarlas y vuela.

Cuando sacas tu potencial, eres mucho más feliz y llegas más alto y más lejos.

Muchas personas me preguntan, con cierta angustia, cómo pueden saber cuál es su propósito de vida. Siempre les respondo lo mismo, que no deben preocuparse. Si tienes una intención verdadera de descubrir tu **propósito de vida**, lo vas a descubrir y sucederá en el momento perfecto. Pero, mientras tanto, **decide conscientemente a qué quieres dedicar tu vida, con qué quieres contribuir al mundo**.

Siempre vas por buen camino
cuando lo que haces tiene sentido para ti.

Para saber si vas hacia tu propósito de vida, hazte esta sencilla pregunta: «¿Tiene sentido para mí esto que hago o que quiero hacer?». Debes responder de manera muy honesta: si has contestado «sí», todo está bien; en cambio, si has contestado «no», deja de engañarte y cambia de camino.

Yo tardé más de treinta años en encontrar mi propósito de vida. Ahora lo entiendo como una extensión de mí mismo, tanto que, si a alguien no le gusta lo que hago, entiendo que no puedo gustarle yo. Pero cuando lo hallé, tenía muchas dudas, basadas en un miedo irracional a ser rechazado por hacer lo que amaba. Pensaba que mis colegas periodistas se iban a reír de mí o no me creerían. Nunca en mi vida me ha interesado algo tanto como el misterioso mundo de la mente y las emociones. Pero, cuando lo descubrí, no confiaba en mí mismo ni en lo que sentía. Por eso, intenté erróneamente que otras personas me dijeran cuál era mi propósito de vida: consulté a un astrólogo, hice cursos carísimos y visité a un numerólogo, entre otras muchas cosas. Necesitaba que alguien me confirmara que dedicarme al crecimiento personal a través de la escritura y de la comunicación era mi propósito de vida, y lo necesitaba porque no confiaba en mí mismo.

Tu propósito de vida es el que te está dictando tu corazón. No necesitas que ningún gurú o maestro te diga qué debes hacer.

Sé tu propio maestro, toma las riendas de tu vida y no dejes que otros decidan por ti.

PLANIFICAR ES CREAR TU REALIDAD

No puedes cumplir tu propósito o llegar a tu visión si no enfocas tu energía diariamente hacia ello. Y para que tus acciones vayan de la mano de tu propósito, lo mejor es planificar. A mí me ayuda a vivir con intensidad el presente. **Planifica cada día dividiéndolo por bloques** y, así, podrás centrarte en cada bloque como si fuera lo único que existe.

Algunas personas me dicen: «Curro, siento que con la planificación pierdo espontaneidad». ¡Todo lo contrario! Al planificar, decido conscientemente qué quiero hacer cada día y no me dejo arrastrar por lo que quieren los demás o por las circunstancias cambiantes. **Eres libre cuando lo haces**, porque eliges conscientemente desde tu libertad cuáles serán tus acciones y, si surge algo mejor que lo que has planeado, puedes incorporarlo. Cuando tú no planificas lo que quieres, otros lo hacen por ti. Si no eliges desde la libertad, los impulsos inconscientes de tu propia mente y los muchos condicionamientos y distracciones de la vida diaria impedirán que lleves el timón de tu vida.

Integrar el hábito de planificar diariamente con la ayuda de la agenda, fichas o libretas y el calendario no fue fácil para mí, pero, una vez que lo conseguí, todo cambió. Hoy por hoy es algo sagrado para mí. **Cuando planificas, gestionas tu tiempo y te aseguras de que haya espacio para lo que de verdad te importa**, para avanzar hacia tus sueños y para áreas importantes como la amistad, la familia, las cosas que amas, etcétera.

Creas tu futuro con tus decisiones y planificar es precisamente eso: decidir. Es plantarle cara a tu mente subconsciente, dejarle claro lo que vas a hacer y comprometerte con tus propias decisiones. **Planear tus acciones te permite visualizar y proyectar lo que quieres en cada momento de tu vida.** Y para hacerlo, necesitas sentarte con un bolígrafo y un papel.

«Tienes que decidir cuál es tu máxima prioridad y tener el coraje de decir "no" a otras cosas».

STEPHEN COVEY

Desde hace años me planifico cada día en una ficha grande o en una página de mi Moleskine, como si fuese un lienzo blanco por pintar. Al final de ella escribo «DÍA EXITOSO» en letras grandes y, debajo, añado dos recuadros, uno con «sí» y otro con «no». Si el día es exitoso, marco el «sí». Y viceversa. Cada vez que consigo que un día sea exitoso, lo remarco con color naranja en el calendario. De esa forma, veo si estoy creando una vida exitosa. Planifico mis días para que sean exitosos. Habitualmente lo hago mientras desayuno a primera hora de la mañana. Disfruto muchísimo tomando decisiones, creando un día que me guste e imaginándolo y visualizándolo. Porque, al despertarme, siempre tengo la misma intención: lograr que ese día sea exitoso. Y, para conseguirlo, tengo que ser consciente de que avanzo hacia donde yo quiero. Todos los días, nada más despertar, hazte la siguiente pregunta: «¿Qué puedo hacer hoy por mí y por los demás para crear la vida que yo quiero?».

UTILIZA TU IMAGINACIÓN

La imaginación es la maravillosa capacidad del ser humano para ver lo que todavía no es. Es la fuente de toda creatividad e invención: todo lo que llega a ser creado debe haber sido primero imaginado como una posibilidad. Puedes utilizar tu imaginación para verte viviendo tu propio sueño. Sin embargo, muchas personas la emplean sin darse cuenta para crear en su mente desgracias que las hacen infelices. Y otras no ejercitan su imaginación y simplemente se quedan en su zona de comodidad, siempre dentro de los límites de su experiencia actual.

Utiliza tu imaginación para crearte una visión que te motive, te dé fuerza y te guste.

¡Desarrolla tu imaginación! Sé consciente del poder tan grande que tiene y aprovéchalo para expandirte y seguir disfrutando de la aventura de tu vida. J. K. Rowling es un buen ejemplo. En *Vivir bien la vida*, la escritora explica cómo un total de veinte editoriales rechazaron la primera entrega de la exitosa saga protagonizada por Harry Potter. Cuando una quiso publicarla, su agente le dijo: «Nunca harás dinero escribiendo libros para niños». Sin embargo, Rowling siguió creyendo en su visión, en lo más importante que había creído en la vida —su labor como escritora— y en que podría vivir de sus libros. Casos como el de Rowling, hoy multimillonaria, o el ya mencionado de Arnold Schwarzenegger demuestran que tener una **visión personal** —imaginar nuestra vida y a nosotros mismos de una forma positiva— hace que nuestra mente colabore en hacer realidad lo que vemos en nuestro interior.

> «No necesitamos magia para transformar nuestro mundo; ya tenemos, en nuestro interior, todo el poder que necesitamos: el poder de imaginar algo mejor».
>
> J. K. Rowling

CONSTRUYE TU VISIÓN Y TU MUNDO

Walt Disney (1901-1966), ese genio que tanto nos ha enseñado sobre la importancia de tener una visión personal, inauguró su primer parque de atracciones en julio de 1955. En 1971, cinco años después de su muerte, se abrió al público el espectacular y gigantesco parque con el que él siempre había soñado: Walt Disney World, el más grande de la historia. En aquella ocasión, alguien dijo: «Qué pena que Walt no lo haya podido ver». Sin embargo, otra persona respondió: «¿De verdad crees que no lo vio?».

Efectivamente, Walt ya lo había visto en su imaginación: tenía una visión de lo que quería hacer realidad, y se hizo. Lo había soñado. Soñar es genial: cuando sueñas, te sientes bien, te relajas y se dibuja una sonrisa en tu rostro, lo cual ya es algo bueno en sí mismo. **Soñar te permite sacar fuera lo que llevas dentro**, al menos como un primer paso.

«Pregúntate si lo que estás haciendo hoy te llevará a donde quieres llegar mañana».
WALT DISNEY

Imagina siempre las infinitas posibilidades, no los posibles obstáculos. Piensa que sí es posible hacer realidad todos los sueños que están en tu corazón. Y recuerda: solo estarás derrotado si dejas de soñar.

«Si puedes soñarlo, puedes hacerlo».
WALT DISNEY

Hace poco, escribí en mi cuenta de Instagram: «Prefiero al que tiene los pies bien plantados en el aire que al que está demasiado anclado en la tierra. Prefiero al que aún tiene sueños aunque le tachen de loco que al que es tan cuerdo que ha dejado de soñar». Y mi amigo Juan Manuel Villanueva añadió este comentario: «Yo sueño, pero a la vez tengo los pies en el suelo... Quizá porque la vida me lleva a ello». Cuánta razón tenía Juan Manuel. Cuando queremos crear algo, no podemos quedarnos en el sueño, sino que es necesario bajarlo a tierra, **hacer el sueño alcanzable**, medible, y planificar los pasos que deben seguirse para materializarlo. Luego, necesitamos **tomar una decisión duradera y comprometida. Fijar un plan** de acción te ayudará a ponerte en movimiento, a prestar atención a qué funciona o no para rectificar y cambiar tus acciones por otras más efectivas cuando sea necesario. También es importante **ser realista** y analizar, desde un punto de vista crítico, tu propio sueño. Pero siempre, como primer paso, permítete soñar.

Para analizar mis sueños y los de las personas que me consultan como coach, recurro a tres personajes basados en lo que nos enseñó Walt Disney:

- **El soñador.** Lo único que tienes que hacer es soñar. Soñar como si todo fuera posible. Hacerlo es gratis y no hay límites. Visualiza lo que te gustaría realmente. ¿Qué anhela tu corazón?, ¿qué beneficios tendrás cuando consigas ese sueño? Asocia todo lo que se te ocurra a este sueño y detállalo al máximo.
- **El realista.** Para asegurarte de alcanzar tu sueño, elabora un plan. ¿Cómo es posible realizar tu sueño?, ¿de qué manera?, ¿qué pasos voy a seguir?
- **El crítico.** No quieres destruir tu sueño, porque es intocable; al contrario, únicamente buscas mejorar tu plan de acción. ¿Qué puede impedirte llegar a tu sueño?

En las siguientes páginas te propongo dos ejercicios para que plasmes cómo ves tu vida dentro de cinco años y para que describas tu yo ideal. Cuando hayas elaborado estas dos visiones, visualízalas al menos unos minutos cada día. Por supuesto, también puedes escribir tu visión en tiempo presente, como hago yo. Cuantas más veces veas con tu mente tu futuro deseado, más real será este para ti, tu cerebro cambiará físicamente y se crearán nuevos circuitos neuronales en tu mente, de tal forma que te verás impulsado a actuar en la dirección de tu visión y de tu sueños. Cuando visualizas lo que hay en tu interior, más real es en tu exterior.

Crea la vida que quieres

Lo importante no es el punto de partida, sino las metas que buscas. ¿A dónde quieres llegar tú?, ¿dónde te gustaría estar dentro de cinco años?, ¿qué te gustaría hacer con tu vida, con tu cuerpo, con tus relaciones, con tu trabajo, con tu forma de ser? Este ejercicio te permite soñar y plasmar por escrito tu visión. Yo lo vuelvo a hacer cada poco tiempo. Aquí te dejo algunas preguntas a modo de ejemplo, pero puedes añadir todas las que consideres oportunas:

¿Cómo será tu vida ideal?

¿Dónde vivirás y cómo será tu casa?

¿Tendrás pareja?

¿Cómo será tu relación de pareja (si la tienes)?

¿Qué cualidades o valores tendrá la persona (si la hay) con la que compartes tu vida?

¿En qué trabajarás?

¿Cuánto dinero ganarás y cuántas horas trabajarás?

¿Cómo será tu cuerpo y cómo te sentirás a nivel emocional?

¿Qué comerás en esa vida ideal?

¿Qué ejercicio físico harás?

¿Dónde te despertarás?

¿Cómo será tu casa?

¿Cómo será tu grupo de amigos?

¿Cómo será tu relación con ellos?

¿Harás muchos viajes al año?

¿Serán viajes nacionales o internacionales?

¿A dónde viajarás?

¿Irás semanalmente a ver exposiciones, al cine, al teatro, a cenar por ahí?, ¿cuántas veces?, ¿qué aficiones tendrás?

¿Tendrás hijos?, ¿cuántos?, ¿cómo será tu relación con ellos?

¡Permítete soñar, sin límites! Estás visualizando una visión a largo plazo, de modo que todo es posible. Pero incluso si tu mente piensa que uno de tus sueños es imposible, inclúyelo. Escribe los detalles y trata de visualizarte mientras lo haces.

No hay reglas para hacer este ejercicio. Puedes escribirlo o dibujarlo —en un cuaderno o bien en tu móvil o tu tableta—. Si lo prefieres, haz un *collage* en una cartulina con recortes de revistas y fotografías que tengas o que imprimas de internet. ¡Quedará fenomenal y podrás verlo todos los días! También puedes plasmar tu vida ideal como si fueran capítulos que ocupen varias páginas de una libreta. Y si no te apetece alargarte mucho, escribe notas breves.

Lo importante es que llegues a tener una visión clara y cristalina de cómo quieres que sea tu vida tanto en lo personal como en lo laboral. Tu intención es hacerla realidad. Y recuerda: una vez que la tengas, intenta repasarla en tu mente todos los días para recordarte a ti mismo quién quieres ser y qué vida quieres tener. De este modo, tu vida anterior se irá reduciendo a medida que tu vida futura crece y tu yo ideal —tu yo esencial— se fortalece.

¿ERES LA PERSONA QUE QUIERES SER?

A base de proponérmelo conscientemente, yo voy consiguiendo ser como soñaba. No practicaba deporte y comía mal, mientras que ahora soy una persona muy deportista y me alimento cada vez mejor. En mi imaginación creé una visión: podía ser una persona que amaba el deporte y la comida sana. Hice muchísimas afirmaciones y me visualizaba como quería ser. Me proponía retos concretos. Poco a poco, fui dando pasos hasta que esa realidad imaginada se materializó. Además de ser una persona caótica que no planificaba jamás —como muchos, compraba la agenda en enero y no la volvía a tocar en todo el año—, me he convertido en alguien que planea todos sus días y no deja su vida al azar. Y ahora me he propuesto revolucionar mi casa y convertirme en una persona muy ordenada.

Si quieres, puedes cambiar.

Y si yo lo he conseguido, tú también puedes hacerlo. Es posible cambiar de dos formas:

a) azarosamente, por el paso del tiempo;

b) decidiéndolo de manera consciente, lo cual hace que los cambios se produzcan muchísimo más rápido.

Conozco a personas que tenían un carácter horrible y que, después de muchos años, se han dulcificado por el curso natural de la vida, sin haber tenido que proponerse nada. Aunque por suerte cambiaron con el paso del tiempo, de forma muy lenta, también podrían no haberlo hecho. Esto es lo que te propongo: **cambia consciente y deliberadamente, de la forma en que tú elijas hacerlo.**

Tu identidad es abierta. Aunque, a menudo, nuestras propias creencias sobre nuestra identidad nos atrapan. Lo que puedes hacer, o no, muy pocas veces se encuentra en tus verdaderas capacidades, pues estas son mucho más grandes de lo que tú mismo piensas. Para llegar a ser la persona que quieres, cambia lo que crees de ti mismo y lo que crees que es posible para ti. Tu identidad está llena de **posibilidades** y no está determinada por tus comportamientos actuales ni tampoco por tu pasado. De ahí que sea tan positivo que apoyes a los demás en sus cambios, que creas en ellos. Cuando, lamentablemente, alguien que te quiere te etiquete una y otra vez con algo que dejaste atrás, puedes decirle: «No me juzgues por mi pasado, ya no vivo allí». Pon etiquetas estimulantes, no limitaciones, a las personas que quieres.

Está demostrado que es más fácil ser feliz cuando eres valiente. Sin embargo, mucha gente prefiere seguir siendo cobarde toda su vida. **¡Solo vas a vivir una vez, sé valiente!** Al principio, quizá te comportes «como si» fueras esa persona (obligándote a decir, pensar y actuar de determinada forma), pero, con el tiempo, lo lograrás.

Monta, pieza a pieza, tu yo ideal

Recuerda que tu identidad es abierta, que no eres lo que te han contado ni lo que tú crees que eres. Este sencillo ejercicio, basado en preguntas, te ayudará a decidir quién quieres ser en un futuro. Decide construir la persona que quieres ser. Construye una nueva vida y camina hacia ella.

¿Cómo te gustaría ser?

¿En qué persona te quieres convertir?

¿Te gustaría ser más amable o detallista con tus seres queridos?

¿Cómo te gustaría actuar?

¿Te gustaría ser más valiente o firme?, ¿más extrovertido u ordenado?

¿Qué valores quieres tener?

Decide todas las cualidades de tu yo ideal que quieres incorporar a tu identidad, como si pudieras elegirlas libremente. A continuación, obsérvate como si ya fueras la persona que quieres ser. Tienes que comprometerte con tu yo ideal y caminar hacia él, pensando, sintiendo y actuando como si ya hubieses alcanzado tu nueva identidad. Y, por supuesto, queriéndote y aceptándote tal y como eres ahora.

Tener tu visión presente en tu día a día te ayudará a centrarte en lo que es realmente importante para ti. De ese modo, la vida te irá inspirando para que des los pasos necesarios hasta que tu yo ideal sea una realidad. Y una vez que tengas clara tu visión de vida, conviene que te vayas marcando propósitos y objetivos concretos a corto plazo que te conduzcan hacia ella.

5

Cómo ser feliz ahora

Ser feliz siempre es importante. Resulta más fácil cuando aprobamos un examen que cuando lo suspendemos, o si la persona a la que queremos está contenta y transmite entusiasmo que cuando está triste. En definitiva, es más fácil ser feliz cuando no tienes problemas. Pero, aun así, **la felicidad** siempre es la mejor decisión que puedes tomar. Y una vez que la hayas tomado, debes caminar hacia ella sin dudarlo por difícil que resulte.

Recuerdo la primera vez que leí *El hombre en busca del sentido último*, del neurólogo y psiquiatra austríaco Viktor Frankl, quien estuvo prisionero en varios campos de concentración nazi. En su libro, Frankl explicó maravillosamente bien la importancia de **dar un sentido** al sufrimiento. Cuando te preguntas «¿para qué?» —en lugar de «¿por qué a mí?»— y logras encontrarle una razón a lo que te está pasando, automáticamente empiezas a sentirte mejor y a sufrir menos. Y entonces, **todo cambia**.

El sentido de la vida implica ayudar a los demás, contribuir al mundo y desarrollar nuestro potencial como seres humanos.

Lo que más me interesa en la vida es aprender cómo ayudar a la gente a sentirse bien en el momento presente, independientemente de lo que haya sucedido. El poder para **reenfocarte** y **cambiar tu actitud** ante lo que te sucede es enorme, e incluso en las circunstancias más adversas puedes querer ser feliz o, al menos, vivir tu vida de la mejor manera.

Si personas que han estado prisioneras en las peores condiciones que se puedan imaginar, como Viktor Frankl, han podido darle la vuelta a lo que pensaban y tener una actitud positiva, ¿por qué no vas a ser feliz tú que dispones de las comodidades propias del siglo XXI? En una entrevista para la televisión, Frankl afirmó que el factor determinante es la **libertad de elegir**. Suceda lo que nos suceda, puedes decidir cuál será tu actitud ante cualquier circunstancia a la que te enfrentes. Depende de ti cómo reacciones.

«Si no podemos cambiar la situación, siempre tenemos la libertad última de cambiar nuestra actitud ante esa situación».
VIKTOR FRANKL

En momentos de frustración, desesperanza o rabia, cada vez que te suceda algo que te perturbe, recuerda que depende totalmente de ti enfocarlo de otra manera y **recuperar tu estado emocional**. Puedes hacerlo. Lo más importante es sentirte bien y ser feliz. Ese es el mayor regalo que puedes hacer a tus padres, a tus amigos, a tu pareja, a la sociedad y al planeta entero.

Comprométete totalmente con tu felicidad diaria.

Muchas personas afirman querer ser felices, pero luego dejan que otros les roben su felicidad a la primera de cambio y casi sin darse cuenta. Están felices, pero cualquier nimiedad —un pequeño enfado, un malentendido, una leve discusión, un mensaje inoportuno, un incidente sin importancia— hace que esa felicidad se esfume. Si eso te ocurre, el precio de tu felicidad es muy bajo, ¿no te parece?

Condicionar tu felicidad a que no suceda algo que no te guste es un gran error. Aunque entiendo que resulta mucho más fácil mantener la felicidad en las situaciones agradables, en la vida te van a ocurrir, casi a diario, cosas que te incomodarán. Y para que no te afecten tanto, toma cada día esta sabia decisión: «Mantendré hoy mi felicidad pase lo que pase, incluso si suceden cosas que preferiría que no sucedieran».

Pon tu felicidad en primer lugar y la estarás valorando por encima de cualquier otra cosa.

Imagina que alguien, sin querer, roza tu coche en el aparcamiento. Aunque te incomode, este hecho es menos importante que tu felicidad, así que te dirás: «Preferiría que no me lo hubieran rayado, pero ya está hecho, y aunque mi coche es importante para mí, lo es más mi felicidad, así que decido seguir siendo feliz. Y voy a seguir siéndolo mientras pienso en las soluciones que tengo a partir de ahora».

Proponte conscientemente seguir siendo feliz pese a las incidencias del día a día, y te darás cuenta de que lo que antes te robaba la felicidad ya no lo consigue. Es decir, haz que tu mayor compromiso sea tu felicidad.

Ser feliz es como surfear: requiere **entrenamiento** y **constancia** para mejorar los resultados. Si te lo propones de forma continuada y lo intentas de nuevo cada vez que caigas, podrás mantener tu felicidad más y más tiempo, de manera que, cuando la pierdas, nada sea más importante que volver a subirte a ella y recuperarla.

RECONECTA CONTIGO MISMO

Cada vez que te dejas secuestrar por tu ego, te caes de la tabla de tu felicidad y te desconectas de tu yo esencial. Hay una manera muy efectiva de volver a subirte a ella: **reconéctate a tu felicidad con tus pensamientos**. Yo lo llamo *la reconexión con uno mismo.*

Con frecuencia me digo: «Mi paz interior no es negociable». Y aun así, la pierdo en cuanto me descuido. Mucho menos que antes, es cierto, aunque sigue ocurriendo en alguna ocasión. Vas a perder tu felicidad de vez en cuando. No está en tu mano el impedirlo por completo ni mantenerte siempre positivo. Pero sí puedes conseguir poco a poco, a medida que adquieras mayor experiencia en este enfoque, que tu felicidad dure más tiempo y mantener un **estado emocional positivo** incluso cuando las circunstancias no te ayuden especialmente. Todo depende de ti, pues cuando esperas que los demás te hagan feliz, eres esclavo de ellos.

«No somos ni buenos ni malos. Satisfechos actuamos como santos, insatisfechos actuamos como diablos».
ALEJANDRO JODOROWSKY

Cada vez que te sientas mal, recuerda que lo importante no es el motivo al que atribuyas ese malestar, sino que seas consciente de que te está alejando de tu felicidad. Solo entonces puedes realizar el trabajo de **recolocarte**, de reenfocarte, y pensar de otra manera que te haga sentir mejor. Así, recuperas tu paz interior y, desde ella, puedes **actuar en consonancia con lo que deseas**, de modo que el hecho concreto que provocó tu desconcierto desaparece. Desde ese estado emocional positivo, todo te resulta más fácil. Nuevas ideas llegan a tu mente, nuevas opciones aparecen y te resulta más fácil llevar a cabo la acción apropiada.

Desde ese «sentirte bien» permites que la vida avance, tu creatividad aumenta, tienes alegría y ganas de seguir viviendo, creando y disfrutando del camino. Lo negativo desaparece solo y, muchas veces, casi por arte de magia. Aunque las circunstancias o las personas que te rodean pueden influir en tu estado de ánimo, lo decisivo y determinante es lo que sucede dentro de tu cabeza.

Sentirte bien depende solo de ti.

Cuando lo que piensas está en conexión con tu yo más profundo, tu yo esencial, sientes emociones positivas. Cuando lo que piensas se aleja de él, te inundan las emociones negativas. **Tu yo esencial siempre quiere lo mejor** para todos, nunca tiene rencor ni resentimiento y siempre siente gratitud ante todas las experiencias de la vida. Tu yo esencial siempre confía y siempre conserva la esperanza. Y nunca tiene miedo.

Por eso, tu trabajo no es cambiar a las personas que tienes a tu alrededor ni rechazar las circunstancias que hay en tu vida, sino **sentirte bien** con todo ello. ¿Cómo puedo conseguirlo si no me gusta lo que veo?, me preguntan algunas personas. Es muy simple: **ejerce tu libertad de escoger otro enfoque** diferente a lo que estás viendo. Puedes mirar desde otro punto de vista y centrarte en lo bueno que hay ahora y en lo que habrá en un futuro próximo.

Mientras te sientes bien, eres feliz y surfeas sobre las olas. Cuando te sientes mal y te caes de la tabla de tu felicidad, debes volver a subir a ella sin culpar a nadie. Tú eres quien se ha caído, no importa qué viento te haya empujado, y te corresponde a ti **recolocarte** y **volver a sentirte bien**. Y cuando lo hagas, la acción que lleves a cabo te resultará más fácil y obtendrás resultados mucho mejores.

Las emociones negativas te alertan para que cambies el rumbo de tus acciones o de tus pensamientos.

Supón que tienes un conflicto con alguien. Si lo afrontas desde el enfado, ¿explicarás las cosas de la mejor manera y la otra persona te escuchará o, más probablemente, tu tono agresivo y tu actitud defensiva lo empeorarán todo? Cuando te tranquilizas y te reconectas con tu yo esencial y con la vida, recuperas la **inspiración**, la **alegría**, el **contento interior** y la **creatividad**. Cuando comprendes esto y adquieres experiencia en tu **gestión emocional**, todo cambia. Ya no necesitas que nada ni nadie cambie a tu alrededor para sentirte feliz. Y aunque no sea un camino fácil, si te das tiempo, te entrenas, practicas y tienes paciencia, te sentirás bien independientemente de lo que suceda. Entonces, al fin, alcanzarás una **felicidad incondicional** y tu **paz interior** no será negociable.

La llave de tu felicidad está a tu alcance,
en tu mano.

Llegados a este punto, algunos articulistas arremeten con quienes defendemos la felicidad asegurando que en la vida a veces suceden desgracias o tragedias que nos impiden ser felices. Aunque es cierto que hay acontecimientos graves que pueden provocarnos mucho dolor, también lo es que, incluso en los casos más graves, tenemos la **libertad de enfocar** la situación de un modo o de otro, como decía Viktor Frankl. Como mínimo, podemos elegir sentirnos un poco mejor o un poco peor. Siempre podemos elegir el camino de la felicidad o el del dolor. Además, ese tipo de desgracias suceden pocas veces en la vida: normalmente sufrimos por cosas que no tienen tanta importancia.

UNA PALABRA CLAVE: TRANSFORMACIÓN

Siempre se puede salir del agujero negro de las emociones negativas. Pregúntate: «¿Qué estoy pensando para sentirme así y cómo puedo pensar de otra manera?». No importa lo que haya pasado: tu deber más importante es pasar del miedo, el resentimiento y la falta de autoestima a la confianza, el optimismo y la tranquilidad. Cuando caigas en un viejo patrón, di en voz alta: «Transformación», y sé consciente de que, enfocando de otra manera lo que estás viviendo, **transformas tu energía y, con ello, tu propia vida.**

Tu principal intención cada día debe ser permanecer fuera de ese agujero negro y mantenerte muy consciente. Cuando te des cuenta de que tus pensamientos te arrastran hasta ese lugar nada grato, libéralos suavemente. **Eleva tus emociones** a través de tu fisiología: corre, baila, salta en la cama elástica, escala... Muchas veces he dado saltos mientras caminaba por la calle para recuperar mi energía positiva. También puedes lograrlo respirando conscientemente, viendo un vídeo, leyendo un libro y de tantas formas como se te ocurra.

«Amarse uno mismo es el comienzo de una aventura que dura toda la vida».
OSCAR WILDE

Algunas personas solo logran mejorar su estado de ánimo de forma pasajera mediante acciones destructivas, como comer en exceso, consumir alcohol o drogas o realizar actividades peligrosas. No es la mejor forma de conseguirlo.

Elabora una lista lo más extensa posible de cosas que te ayudan a cambiar tu estado emocional para no caer en el agujero negro de las emociones negativas. Coloca en un lugar destacado el enfocar las cosas de otra manera a través de tu pensamiento. Ten esa lista a mano, en un lugar visible, para que puedas acudir a ella siempre que una emoción tóxica intente secuestrarte.

Cuando logras salir del agujero negro por tus propios medios es muy liberador. Alcanzas la **confianza** para saber que, cuando tus emociones te arrastren a él, podrás volver a salir. Hace años descubrí que **podía crear todas mis emociones con el poder de mi mente**, de modo que no necesitaba que se dieran ciertas circunstancias en mi vida o que algunas personas hicieran determinadas cosas para sentirme bien. Fue uno de los descubrimientos más valiosos de mi vida: dejé de luchar para que las cosas se dieran como yo quería, pues entendí que no necesitaba que fuera así. **¡Solo te necesitas a ti mismo!** Dejé de intentar, por tanto, lo que era imposible: controlar las circunstancias, personas y condiciones que se daban a mi alrededor. Como mi felicidad partía de mi interior, dejé de ser un esclavo de lo exterior.

Transforma tu mundo interior sin necesidad de que cambie lo de fuera y habrás alcanzado la **libertad**. Ya no importará tanto lo que pase en el exterior, porque ¡serás feliz y te sentirás bien!

Algunas personas piensan que, al no necesitar lo exterior, harán menos cosas o tendrán menos experiencias. Aunque es cierto que hay expertos en el crecimiento personal que defienden la felicidad de las cosas sencillas, no coincido con ellos. Yo no me conformo con nada. Digo sí a todo lo que deseo, aunque no lo necesite para ser feliz. Pienso que **la felicidad está tanto en las cosas sencillas como en las más grandes**. Quiero una vida llena de experiencias emocionantes. Porque ahora sé que la mejor vía para conseguirla es ser feliz en el momento presente, porque cuando tú te sientes bien tienes más ganas de hacer cosas, estás más activo, tienes más fuerza e incluso eres más inteligente.

Día exitoso, vida exitosa

El mejor momento para recolocar tu mente y enfocarte en lo que deseas es al despertar. Aprovecha la primera hora de la mañana para enfocarte en positivo, realizar tus ejercicios de afirmaciones y agradecimiento y planificar tu día. Todos los días me digo o escribo cosas que me ayudan, como esta oración matinal:

> **Hoy empiezo de cero. Aparto todos los miedos y me abro a las posibilidades. Me permito vivir el presente y disfrutar de la vida. Voy a poner todo de mi parte para crear un día exitoso. No me rendiré pase lo que pase. Mi principal objetivo es ser feliz hoy y dar lo mejor de mí con todas las cosas y todas las personas. Cumpliré con mis compromisos. Y si en algún momento me despisto, recuperaré mi felicidad tan pronto como pueda. Porque un día exitoso equivale a una vida exitosa, y esa es mi principal motivación.**

El verdadero éxito es la felicidad, pero como así es más difícil medirlo, lo mejor que puedes hacer es definir qué significa un día exitoso para ti. A continuación, subraya en tu calendario y con tu color preferido (el mío es el naranja) todos aquellos que lo hayan sido. En mi caso, por ejemplo, tengo que cumplir como mínimo todas estas condiciones para considerar que un día ha sido exitoso:

Hacer mis afirmaciones positivas.

Ser amable con todo el mundo.

Hacer deporte o ejercicio físico.

Cuidar mi alimentación.

Cumplir los compromisos concretos que haya fijado en mi planificación del día (entre los que se encontrarán, invariablemente, avanzar hacia mi propósito o mis grandes objetivos de este momento).

Hacer alguna de las actividades que más amo.

Ayudar a alguien o hacer algo por los demás.

Cuando no lo consigo, simplemente, no lo subrayo. No me siento culpable. Pero me propongo conseguirlo al día siguiente.

El hecho de mirar mi calendario y ser consciente de que cada vez tengo más días exitosos me motiva y me hace más feliz porque sé que estoy creando una vida exitosa. No hay nada más placentero.

DETÉN TU MENTE Y DISFRUTA DEL MOMENTO

La **meditación**, más allá de una técnica para sosegarte y conectar con tu yo profundo, es una vía maravillosa para **entrenar tu cerebro** para ser más consciente. Esta sencilla meditación, que ahora está de moda en Occidente y algunos llaman *mindfulness*, lleva miles de años practicándose en Oriente.

Para entrenar tu mente en la meditación, tan solo necesitas poner la cuenta atrás de tu móvil en cinco o diez minutos, sentarte en una silla o en el suelo con la espalda recta y permanecer ese tiempo enfocándote en el curso de tu respiración. Olvídate del mundo y **centra tu atención** en el aire que entra y sale, una y otra vez. Si te despistas, no importa: vuelve tranquila y gozosamente al ejercicio hasta que suene la alarma. De ese modo estarás entrenando tu mente para estar más presente, pues el curso de la respiración es algo que sucede en este preciso momento.

Realmente es así de sencillo y de simple. Pero, si no has practicado nunca esta técnica y te interesa, puede ser una buena idea que te apuntes a clases de meditación en grupo, ya que motivan más que hacerlo en soledad, y tener cerca a una persona que te marca los tiempos te ayudará.

La mente en piloto automático
tiende a lo negativo.

Practicar la meditación durante unos minutos cada día te ayuda a interiorizar, a dejar en suspenso tu mente analítica y tu capacidad para razonar, prever y evaluar. Olvidarás tus problemas, escaparás de los conflictos del mundo exterior y aquietarás tu mente para **llegar a tu yo esencial**. Al cerrar los ojos y estar contigo mismo en la meditación, cortas deliberadamente el flujo de tus pensamientos, que van y vienen a todas las horas del día. **Aprende a escucharte y a amarte.**

Tu mente es imparable, siempre funciona, a todas horas. Cuando se encuentra llena de pensamientos, preocupaciones, deseos, dudas, recuerdos, temores, elucubraciones y fantasías —catastróficas o no—, es imposible disfrutar de la vida con la intensidad que esta te ofrece. La atención se entrena y se desarrolla. Tu cerebro es como un músculo al que no puedes dejar olvidado.

Si prestamos mayor atención a lo que hacemos, estamos más vivos: desplegamos toda nuestra energía. Cuando te acostumbras a poner una atención débil, robótica, tal vez hagas las mismas cosas, pero no las vivirás intensamente, y de algunas de ellas ni siquiera te enterarás. **La meditación entrena tu mente.** Si, por ejemplo, te propones meditar diez minutos diarios, durante ese tiempo fortaleces tu atención y, a su vez, aprendes a percibir las cosas pequeñas de la vida, que son, en realidad, las que componen la mayor parte de tu tiempo.

La atención es interés
y amor hacia los demás y hacia ti.

El monje budista y activista por la paz Thich Nhat Hanh, de origen vietnamita y que enseña técnicas de meditación en su escuela de París, recomienda el **método del seguimiento de la respiración**, que debe ser uniforme y tranquila para enfocar la atención. Sin embargo, los principiantes en la meditación —propone Thich Nhat Hanh— pueden comenzar por el **método de contar**:

> Al inspirar, cuente mentalmente uno, al expulsar cuente mentalmente uno. Inspire y cuente dos. Expulse y cuente hasta dos. Siga contando hasta llegar a diez y vuelva a contar desde uno de nuevo. Esta cuenta es como una cuerda que ata la atención mental a la respiración. Sin embargo, sin atención mental se perderá la cuenta rápidamente. Cuando la cuenta se haya perdido, se debe volver a

uno e intentarlo de nuevo hasta que se mantenga la cuenta correctamente. Una vez que sea capaz de enfocar verdaderamente la atención al cómputo, se ha alcanzado el punto en el que se puede abandonar el sistema de contar y comenzar a concentrarse únicamente sobre la respiración en sí misma. La respiración es un método maravilloso para mantener la consciencia.

Así empecé yo, contando números.

SUPERA LA NECESIDAD DE APROBACIÓN

Que los demás te aprueben es agradable, pero no lo necesitas. Y es que, en demasiadas ocasiones, mendigamos la aprobación ajena como si fuéramos perritos detrás de nuestro amo, ignorando que podemos vivir sin ella. No necesitas que tu familia o las personas de tu entorno entiendan tus sueños. Necesitas aprobarte tú, escucharte tú, quererte tú. **Deja de mendigar el amor de los demás.**

«Prefiero ser odiado por lo que soy que amado por lo que no soy».
WAYNE DYER

Si estás pendiente de que te aprueben y utilizas esa aprobación como forma de obtener cariño por parte de los demás, no serás tú en realidad. Tus gustos, tus ilusiones, tu forma de ver la vida quedarán relegados a un segundo lugar. Y llegará un momento en que te desconectes de tu yo interior y seas infeliz.

DI ADIÓS A LOS ENFADOS

Cuando en tu vida se da una situación difícil y reaccionas airadamente, te vuelves inconsciente —dices cosas que no quieres decir o haces cosas que no quieres hacer—, la emoción te secuestra, dejas de estar en posesión de tus facultades y te conviertes en ella. En esos momentos, recuerda que no hay nada más absurdo que enfadarse.

Quien te enfada tiene poder sobre ti.

Cuando te enfadas, pierdes tu precioso tiempo: dejas de sentirte bien, empiezas a perjudicar la salud de tu cuerpo, te alejas de las personas que quieres y, lo que es peor, pierdes la conexión contigo mismo y, por tanto, tu felicidad. Sí, todos nos enojamos alguna vez, pero puedes ponerte manos a la obra para hacerlo cada vez menos. No te conviertas en una de esas personas que parecen estar enfadadas con el mundo.

Antes, cuando veía a alguien enfadado, me enojaba yo también. Ahora, siento **compasión** porque sé que lo está pasando muy mal, está sufriendo y tiene miedo. Cada vez que una persona de tu entorno se enfade, recuerda que está secuestrada temporalmente por una emoción tóxica; y si te enojas también, entonces serás tú quien caiga en la inconsciencia. Que alguien esté enfadado es la prueba de que, al menos en ese momento, está mal, no es feliz y necesita más amor que nunca. Ese amor puede consistir, simplemente, en dejarlo a solas un rato.

¿Sientes ira frecuentemente? Haz de ella una aliada. Cuando notas los primeros indicios de enfado en tu interior es que algo empieza a fallar. Al enfadarte, te estás identificando con una postura mental que te perjudica. **¡Corta de raíz tus pensamientos tóxicos!** Cuanto antes lo hagas, menos fuerza tendrá esa ira y más fácil te resultará recuperar tu calma.

RENUNCIA A TENER SIEMPRE LA RAZÓN

Una de las cosas que más te ayudarán a no enfadarte es renunciar a tener razón. Muchos enfados comienzan con una discusión cuando dos personas piensan que están en lo cierto y que el otro está equivocado. Como ya he dicho, es algo absurdo, pues no solo existe tu verdad, sino también la del otro.

No sientas la necesidad de demostrar que lo que tú dices y piensas es siempre lo correcto. Cada vez que insistes en tener la razón y en convencer al otro de que está equivocado, eres menos tolerante, te empequeñeces y haces más desagradable tu vida y la de los que te rodean.

«Ya no trato de convencer a nadie. Tratar de convencer al otro es faltarle al respeto».
JOSÉ SARAMAGO

Cuando intentas tener razón, quieres que el otro cambie y abandone sus creencias y su propia manera de ver las cosas. Cuando impones tu verdad, privas al otro del derecho a ser quien quiera. En ocasiones, quienes se aferran mucho a sus puntos de vista pueden desarrollar tendencias violentas e inconscientes. Porque una cosa es **expresar con tranquilidad lo que sientes y piensas** —algo totalmente recomendable— y otra muy distinta tratar de conquistar la voluntad del otro.

Para expresar con calma lo que verdaderamente piensas y sientes, es necesario que no te domine la ira. Cuando te enfades, espera a tranquilizarte antes de intervenir, pues **lo que sale desde el enfado está impregnado de inconsciencia**. Solo cuando ha desaparecido la ira, sabes con claridad qué quieres decir y transmitir. Y cuando otra persona se enfade, no tengas en cuenta lo que dice —sus palabras estarán condicionadas por su secuestro emocional— y comprende que ha descendido al agujero negro, que no está en su centro, que necesita tiempo para recuperar su poder.

Me echo a temblar cuando alguien me dice: «Entiéndeme, es que tengo razón, estoy siendo objetivo». Lo mejor que puedes hacer es renunciar a tener razón, pero eso lo lograrás cuando comprendas, a un nivel profundo, que **todos tenemos razón porque la verdad es relativa**. La única verdad absoluta es la luz que está en todas partes, también dentro de ti, y que todo lo demás se puede contemplar desde distintos puntos de vista. Por tanto, si todos tenemos razón, ¿para qué vas a desgastarte perdiendo tu valioso tiempo?

Si la ira o el enfado aparecen,
repite interiormente:
Renuncio a tener la razón y elijo ser feliz.

Cuando alguien enfadado se dirige a ella, mi amiga Francisca Ruiz Ramírez le responde con una amplia sonrisa: «Dejo el enfado contigo, porque no me corresponde, y elijo ser feliz». Tú puedes hacer lo mismo y luego irte tranquilamente a hacer lo que te apetezca. No intentes hablar, ni siquiera con asertividad, con esa persona hasta que el enfado se le pase, porque será difícil que llegues a un punto en común.

Cuanto mayor es tu enfado, más te castigas a ti y a tu cuerpo. El enfado surge porque tienes expectativas sobre los demás. Algunas de las personas que acuden a mi consulta o con las que hago sesiones por Skype me explican: «Si no me hubiera dicho esto, vale, pero entonces ¿para qué me dijo que lo haría?». A menudo, justifican así sus enfados con aquellos a quienes quieren, pero que las han decepcionado. Siempre respondo que los demás tienen **derecho a cambiar de opinión** porque los seres humanos lo hacemos normalmente, son tantas cosas las que nos influyen día a día, tanto internas como externas, que no podemos evitarlo.

Para ser feliz y alcanzar tus sueños, **aprende a no enfadarte**. No necesitas controlar las circunstancias externas, que cambian continuamente, sino observarte. A poco que practiques, tus enfados disminuirán y conseguirás que tu salud mejore y tu energía se transforme, con lo cual te acercarás a tus sueños, a todo lo que quieres y a las personas que amas.

¿Te das cuenta de lo inútil que es preferir tener la razón a ser feliz? La clave para no enfadarse es **prestar atención a las primeras alarmas** para, cuando tu ego dé indicios de que va a empecinarse en tener razón, detener el bucle a tiempo. Puedes decirte «¡alto!» las veces que haga falta —dependiendo de lo insistente que sea tu ego— y luego llevar tu atención a otra cosa. O también, cuando alguien te insista demasiado en algo, darle la razón cómicamente: «Ah, pues mira, nunca lo había visto de ese modo». E incluso reírte al observar tu propia insistencia en tener razón y darle más importancia a un asunto de lo que la tiene.

La decisión es tuya: puedes elegir entre tener la razón y ser infeliz, o perdonar, amar, respetar y aceptar a los demás.

HAY COSAS QUE LA RAZÓN NO ENTIENDE

Mi amiga Cristina Cáceres Mangas me enseñó esta frase: **«Sí a la vida tal y como es, aun cuando no lo entienda»**. Muchísima gente pretende comprenderlo todo para tener paz interior, pero esto es muy limitador. En primer lugar, porque nunca podremos entender todas las cosas. En segundo, porque muchas veces el otro calla, nos miente o, lo que es más frecuente, ignora los motivos de sus actos. A menudo, los seres humanos desconocemos qué nos lleva a actuar de una manera u otra porque esas razones son inconscientes.

¿Por qué tantas personas mienten? Lo hacen porque tienen miedo de herir los sentimientos del otro o de que se enfade si dicen lo que piensan o se comportan como son realmente.

Un día, escribí en mi página de Instagram lo siguiente: «Alguna gente se enfada cuando el otro guarda silencio y no explica las cosas. Pero a veces el que guarda silencio ya está harto de explicar lo que el otro no entiende». Se armó un gran revuelo: muchos estuvieron a favor, otros en contra y algunos —aquellos que siempre piden explicaciones a los demás— lo rechazaron airadamente. Dar tanta importancia a las explicaciones como para entregar tu felicidad a cambio no parece un buen trueque y, de hecho, resulta muy liberador cuando logras darte cuenta de que no las necesitas para sentirte bien.

¡No necesitas explicaciones para ser feliz!

Claudia vino a mi consulta porque quería pasar al siguiente nivel en su profesión. Pero pronto descubrimos que perdía mucha energía con sus enfados. Solía enojarse muchísimo, casi a diario, con su marido, sus hijos e incluso sus amigos. En las sesiones, ella me decía: «Si yo solo quiero que me dé una explicación, ¿no me entiendes?». Claudia estaba enganchada a las explicaciones, eran su droga. Cuando le daban una explicación que le servía, se calmaba. Si no, la ira la dominaba. Le hice ver que no necesitamos explicaciones para ser felices y mantener nuestra paz. Que podemos pedirlas, pero también seguir adelante si nos las niegan.

Acepta las cosas tal y como son, aunque no las comprendas, y mantendrás tu paz.

«¿Cómo puedo sentir paz si no entiendo algo?», me preguntó Claudia. Yo le respondí: «Haciendo que tu paz sea más importante que las explicaciones. No condiciones tu paz por nada. Y mira hacia ti, mira hacia tu camino. Y así te sentirás genial aunque el otro no actúe del modo en que tu mente te indica que tiene que actuar. Debes saber que tiene sus razones para hacerlo así, pero que muchísimas veces son inconscientes y, aunque quisiera explicártelas, no podría. Además, es posible que, si te las dijese, tú no las entendieras. Entonces, ¿para qué darles tanta importancia?».

A Claudia le costó muchísimo trabajo integrar en su mente esta idea. Cuando lo consiguió y decidió **renunciar a las explicaciones**, se quitó un peso enorme de encima. ¡Podía ser feliz sin tener que entender las cosas! Su vida mejoró de manera espectacular solo por este salto evolutivo que dio conscientemente.

ERES MÁS QUE TUS PENSAMIENTOS

¡Tenemos unos 90.000 pensamientos al día! Muchos se repiten, otros se contradicen y algunos cambian con los años. Quiero ayudarte a comprender que no debes hacer tanto caso a tus pensamientos, porque son cambiantes, están influidos por muchísimos factores ¡e incluso puedes observarlos!

Elévate por encima de tus pensamientos.

Tu cerebro piensa a veces unas cosas y luego otras. Y, a su vez, lo que piensas está influido por tu estado emocional en ese momento, por tus condicionamientos del pasado, por tus creencias, por tu cultura, por tu entorno y, quizá, incluso por tus antepasados. Entonces, ¿por qué vas a creer lo que piensas en un momento determinado?, ¿por qué vas a insistir en que es lo correcto? Estás en tu derecho de defenderlo, por supuesto, pues es lo que tú piensas y por eso le das valor. Pero no te apegues tanto a ese pensamiento como para sufrir por él.

Observa tus pensamientos

¿Te has dado cuenta de que la necesidad de tener razón puede llevarte a una ruptura amorosa, a que se rompa una amistad que era bella y profunda o incluso a la venganza y al rencor? ¡La necesidad de aferrarse a una postura mental es lo que ha llevado a tantas guerras sangrientas! Esa misma energía negativa es la que creas en tu entorno cada vez que te enfadas o insistes en tener la razón. Pero la satisfacción de vencer y demostrar que el otro está equivocado no es real, sino que se desvanece al instante y está muy lejos de la verdadera felicidad. Es la satisfacción de creerte superior al otro. Para evitarlo, observa tus propios pensamientos y descubre que tú eres el observador.

Este ejercicio es tan sencillo que puedes practicarlo ahora mismo. Solo tienes que cerrar los ojos y, durante un minuto o dos, concentrarte en los pensamientos que llegan a tu mente, sin engancharte a ninguno de ellos. Simplemente, obsérvalos. Quizá aparezcan en tu mente tu madre, la idea de que tienes que hacer la lista de la compra, lo que comiste ayer, las vacaciones, el dolor de muelas de la semana pasada, algo que te dijo tu hermana... Abre los ojos y comprobarás que la percepción que tienes de tu vida ha cambiado. **No eres tus pensamientos, sino quien los observa.** Recuerda: quien se identifica con sus pensamientos, creyéndose que es lo que piensa, sufre muchísimo a lo largo de su vida.

Cuando el enfado ronde cerca de ti, pregúntate: ¿elijo seguir sufriendo por este asunto o decido verlo desde otro punto de vista más elevado?

APRENDE A PERDONAR

Muchas personas defienden su ira dando toda clase de argumentos, pero así no es posible disolverla. La ira se disuelve con el perdón, cuando decides dejar atrás lo que ya pasó para centrarte en el presente y en todas las cosas maravillosas que la vida tiene para ti. Solo podemos perdonar si estamos dispuestos a hacerlo. El perdón no es aprobar lo que se ha hecho, sino **liberarte tú y liberar al otro** de la pesada carga del resentimiento.

Imagina que hace diez años una persona te hizo muchísimo daño y sigues culpándola. Aunque no lo sepas, una cadena te sigue uniendo a esa persona de algún modo. Si tú quieres liberarte de esa cadena, necesitas perdonar. Puedes decir: «Te perdono completamente y te libero. No entiendo lo que hiciste ni lo apruebo, pero a partir de ahora tú eres libre y yo soy libre». En el fondo, en ocasiones, supone decirle a la otra persona: «Te perdono por no haber actuado como yo quería o consideraba que debías hacerlo». De hecho, cuando comprendes que es así, te das cuenta de que no hay nada que perdonar en realidad.

Cuando, en lugar de perdonar, insistes en explicar las razones por las que te han hecho daño o por las que el otro se ha equivocado, te atas a esa persona o a esa situación del pasado. Practicar el **arte del desapego** supone aprender a dejar ir con tranquilidad lo que te hace sufrir. Así, tu yo esencial disfruta la vida. Es tu ego el que te mantiene aferrado a lo que te hace sufrir. Por eso hay tantísimas personas inteligentes que sufren mucho.

Una vez que hayas perdonado, pregúntate: «¿Qué puedo aprender de lo que ha pasado para ser más feliz a partir de ahora?». **Cambia tu historia, perdona a todos y a todo, incluido a ti mismo.** Haz las paces con la situación actual y pasada. Comprende que, cada vez que te dices «¿por qué a mí?», te instalas en el inmovilismo. No puedes progresar, no puedes continuar tu vida ni caminar hacia tus deseos y objetivos.

¿A qué personas necesitas perdonar?

Las personas que más han ayudado en la historia de la humanidad han sido aquellas que supieron dejar atrás la ira y el rencor, que se enfocaron totalmente en lo que podían hacer entonces, en su proyecto de vida, en su misión personal. Valientes, generosas, bondadosas y decididas a ser fieles a sí mismas y a sus sueños, no culparon de sus desgracias a los demás. Al **estar en paz con el pasado** (aunque algunas sufrieron circunstancias muy difíciles), pudieron dar su mejor versión en el presente.

Mi pasado me enseñó que tengo un presente que vivir y un futuro que crear. Por eso, hace años tomé la decisión de **perdonar y pedir perdón** a todo el mundo. A algunas personas les escribí, pero a otras simplemente las perdoné para mis adentros. Para perdonar no necesitas hablar, basta con cerrar los ojos, imaginar que esa persona está delante de ti y sonreírle sin ningún tipo de rencor mientras le dices: «Te perdono y te libero. Tú sigues tu camino y yo sigo el mío. Gracias por lo que me enseñaste».

NO TE COMPARES CON NADIE Y NO JUZGUES

A mi consulta llegan muchas mujeres, con hijos y maridos estupendos, que aparentemente lo tienen todo, pero que se sienten vacías e infelices porque han abandonado sus valores y todo lo que les importaba en la vida.

«Haz lo que te gusta, no lo que creas que le gustará a otros».
ALEJANDRO JODOROWSKY

Matilde, en cambio, me escribió muy angustiada porque todas sus amigas estaban casadas y con hijos, y ella, a sus treinta y dos años, ni siquiera tenía novio. Le expliqué que yo, en sus mismas circunstancias, era feliz porque había comprendido que **cada persona tiene un camino de vida distinto** y no me comparaba con nadie.

Es cierto que, en ocasiones, todos nos sentimos menos valiosos que tal o cual persona y resulta fácil caer en la trampa de pensar que el otro es mejor. Cuando te suceda, recuerda que estás proyectando en esa otra persona algo que tienes en tu interior aunque no seas consciente de ello. «¿Qué veo en esa persona que yo tengo sin saberlo?», puedes preguntarte.

Haz lo que consideres correcto para ti.
Nadie puede saber cuál es tu camino.

De la misma forma que proyectas cuando te comparas con los demás, también lo haces cuando juzgas a otro. Porque lo que no te gusta en la otra persona también lo tienes en ti. ¿Sabías que cuando juzgas estás hablando más de ti mismo que del otro? Cuando una persona chismorrea, critica y juzga solo le pido una cosa: distancia.

Céntrate en ser tu mejor versión. Competir por ser el primero, compararse continuamente con los demás o juzgar a los otros es perderse la vida y la felicidad. No tienes que llegar a donde otro llegó: solo tienes que superar tus límites.

APOYA A LOS DEMÁS EN TODO MOMENTO

No necesitas entender a los demás para apoyarlos, basta con que intentes comprenderlos. **Apoya al otro en sus elecciones.** Da tu opinión solo cuando te la pregunten. Los consejos que nadie te ha pedido pueden hacer mucho daño. Me entristece ver a personas que se preguntan por qué los demás no les hacen caso o se alejan. No saben, no ven o no entienden que todos necesitamos sentirnos **comprendidos** y **apoyados** por nuestro entorno y que ellas mismas son, en buena medida, las responsables de que eso ocurra. Si solo valoras lo que tu estrecho punto de vista es capaz de entender y no apoyas las elecciones de los demás, la gente no estará a gusto contigo. Los seres humanos huimos de quienes nos cuestionan constantemente. Cuanto más abras tu mente, más feliz serás y mejores serán tus relaciones.

La comprensión es amor.
Para amar de verdad,
es necesario comprender y apoyar al otro.

Todo ser humano tiene derecho a existir, a hacer su vida y a cometer sus propios errores, pues estos permiten aprender y avanzar. No estás en este mundo para reconducir al camino correcto a los demás. Lo que tú consideras un error en otra persona quizá sea precisamente lo que necesita para su felicidad. Valora que **existen infinitas maneras de ver la vida y de hacer las cosas**, ¡serás mucho más feliz y lograrás que lo sean las personas con las que te encuentres! Así, te sentirás libre de hacer lo que realmente quieres, porque tú no estarás impidiendo a nadie que actúe como desea.

Estás en el mundo para hacer tu vida mientras permites que los demás hagan su vida. Hay espacio para todo y para todos, no tienes por qué aniquilar lo que no te gusta. Somos libres para elegir. Supón que vas a cocinar tu plato favorito en una gran cocina. Pero cuando abres la nevera y la despensa, descubres que hay muchísimos más ingredientes de los que necesitas. Hay ingredientes que tú no hubieras comprado nunca, pero que están porque los han comprado otros para hacer sus propios platos. No te sirven para el plato que tú quieres cocinar. Pero tampoco te molesta que estén ahí, porque entiendes que les servirán a otras personas para cocinar lo que deseen. Por supuesto, no los añades a tu plato, pero tampoco necesitas deshacerte de ellos. Puesto que tu creación (tu propia vida) no tiene nada que ver con la de otra persona y tus decisiones no son más correctas que las de quienes te rodean, no juzgues a los demás: ¡compréndelos y apóyalos!

Cuando alguien se siente perturbado por lo que hace otro o empieza a criticarle, le digo: «¡Céntrate en tu visión! ¡Céntrate en tu propósito! ¡Deja a los demás que actúen como quieran!». A medida que amplías tu mente y tu conciencia, eres más libre, vives en paz y disfrutas de la vida.

ESCUCHAR ES AMAR

Cuando alguien nos mira y escucha como si fuéramos lo único que existe, como si el mundo se parara, nos parece realmente maravilloso. **Escuchar conscientemente** a otra persona con verdadero interés, sin juicios ni interrupciones, es una muestra de amor. El mejor regalo que puedes hacer a los demás es prestarles verdadera atención.

Haz la prueba. La próxima vez que quedes con una persona de confianza, pon la cuenta atrás de tu móvil o de tu reloj en treinta minutos o más. Y durante todo este tiempo, escúchala e **interésate** por ella realmente. Mírala a los ojos. Y hazle preguntas que ayuden a que alcancéis una conversación profunda: ¿cómo te sientes?, ¿cuáles son tus proyectos actualmente?, ¿qué esperas de la vida?, ¿qué es lo que más te importa en este momento? Mientras habla, simplemente asiente con la cabeza de vez en cuando. No interrumpas. No juzgues. Simplemente escucha. Date cuenta de cómo la otra persona está sintiéndose a gusto al hablar contigo y poder contarte sus ilusiones y decepciones sin ser interrumpida. Permítete fluir con las preguntas y la conversación. Y observa si te resulta fácil escucharla activamente durante ese tiempo o te cuesta mucho trabajo. Si no consigues mantener tu atención, eso solo significa una cosa: aún tienes trabajo por delante.

VIVE SEGÚN TUS PROPIOS VALORES

Conocer tus propios valores es esencial para entenderte a ti mismo y a los demás. Una vez que comprendes que cada persona tiene los suyos, te resulta más fácil comprenderla. **Los valores personales son el motor que nos impulsa a hacer lo que hacemos.**

En cada acto de tu vida se esconde un valor.

Tus valores tiran de ti y consumen tu tiempo. Cuando un valor te beneficia es genial mantenerlo, pero, cuando te perjudica, te conviene cambiarlo. Puedes seleccionar nuevos valores y decidir conscientemente en qué orden de tu lista vital van a ir. Eres mucho más que los valores que actualmente dirigen tu vida. Por eso, intento que las personas con las que trabajo elaboren una **lista de valores** que sea el resultado de una elección consciente.

Y ahora explicaré un caso real. Marcos llegó a mi consulta porque intuía que algunas cosas en su vida no marchaban bien. A sus treinta y dos años, le encantaba salir de fiesta, beber, drogarse, divertirse y ligar en discotecas. Lo hacía todos los fines de semana. ¡Salir de fiesta era su principal valor en ese momento! Sin juzgarlo, le pregunté: «¿Te has parado a pensar si te gusta a dónde te lleva ese tipo de vida?». Marcos no contestó. Le pedí que esa semana hiciera una lista con todas las cosas a las que lo acercaba salir de fiesta y otra con aquellas de las que lo alejaba.

Cuando regresó a la semana siguiente, Marcos me explicó que lo acercaba a la diversión y a pasarlo bien, pero que eran muchas más las cosas de las que lo alejaba, desde su bienestar —las resacas eran demoledoras— a una posible pareja (él no quería conocer al amor de su vida en ese ambiente), su familia, sus amigos de siempre, sus sueños, etcétera. «¡Estoy valorando más la diversión que me da la fiesta que mi propia salud!», concluyó Marcos, y luego me pidió que lo ayudara a cambiar su lista de valores.

Hicimos un **trabajo de autoconocimiento** muy serio. Él decidió que no quería eliminar la fiesta ni el alcohol de su vida, sino simplemente poner ese valor en una posición más baja de su lista, así que le propuse fijar un número máximo de salidas nocturnas para que pudiera elegir cuánto tiempo quería dedicarles. Es lo que yo llamo *fiestas o juergas conscientes*. Según un médico especialista con el que hablé una vez, en ningún caso deberían ser más de seis al año. Marcos se comprometió conmigo a señalar en el calendario el número de fiestas a las que seguiría yendo. Al reducir las salidas a una al mes como máximo, dedicó todo ese tiempo libre con el que se encontró a otras actividades incluidas en su nueva lista de valores. Un año después, Marcos me contó que había reducido las fiestas aún más sin tenérselo que proponer: simplemente, ahora realmente valora más otras cosas.

Los valores son las cosas que realmente nos impulsan en la vida, lo que nos mueve, nos importa, nos interesa. Vienen a ser nuestras verdaderas **prioridades**. Cuando tengas dudas entre dos opciones o tengas que tomar una decisión, revisa tu lista y comprueba cuál de ellas te acerca más a tus valores.

Tus **hábitos** son los que definen tus valores actuales, aunque estos pueden cambiar si te lo propones. Si estás todo el día jugando a la videoconsola, ese es uno de tus valores, incluso por encima de tu pareja, lo reconozcas o no. La pregunta es: ¿quieres que esto deje de ser así? Si tu respuesta es sí, debes proponértelo conscientemente. Coloca a tu pareja por encima de la videoconsola en tu lista de valores y actúa de modo que llegue a estarlo realmente (por ejemplo, dedicándole más tiempo). Fíjate acciones concretas que respalden a los valores que quieres en tu vida.

Tus valores también son **actividades que te atraen**, que quieres que estén en tu vida. Sin embargo, en ocasiones, hacemos actividades que no nos gustan porque detrás de ellas se esconden valores como «el qué dirán», el sacrificio o el compromiso. Propongo que primero, de forma honesta, tomes conciencia de cuáles son tus valores actuales (sean los que sean, incluso si alguno no te gusta) y que después escribas dos listas de valores: los fundamentales y los temporales.

Los **valores fundamentales** están relacionados con tu esencia y tu felicidad, con tu ser, y conviene que los tengas muy en cuenta para no alejarte demasiado de ellos. Para una persona pueden ser la paz interior y la familia; para otra, viajar y su carrera artística; para una tercera, dormir, los hijos y la naturaleza, etcétera. Entre los míos están el amor, la salud, el deporte, la alimentación sana, la amabilidad, aprovechar al máximo los días, la familia y amigos, mi trabajo o la pasión por cada cosa que haga. Los valores fundamentales suelen permanecer, pero también pueden cambiar en diferentes etapas de la vida. Cuando los tienes presentes y vives conforme a ellos y los expresas, sientes **plenitud.** Si tu vida no está alineada con tus valores, pierdes la armonía.

Tus valores fundamentales
dan sentido a tu vida.

Tus **valores temporales** son aquellos a los que por algún motivo, o por el objetivo que estés trabajando, te interesa darles prioridad en este momento aunque no sean tan importantes para ti. Quizá ahora tienen preferencia porque te ayudan a conseguir algo que te permitirá, más adelante, estar en armonía con tus valores fundamentales. Por ejemplo, un opositor que está estudiando muy duro para obtener una plaza debería colocar «estudiar» como uno de sus más altos valores temporales, para que su mente se mantenga enfocada en ese objetivo.

Cuando hace años me propuse conscientemente dar más al mundo, aportar valor a los demás, coloqué como mis valores principales «ayudar» y «la generosidad».

En una ocasión, un mensajero que me traía un paquete me avisó de que no lograba aparcar. Como estaba muy ocupado, lo primero que me vino a la mente fue: «Es su problema». Pero luego recordé cuáles eran mis valores y rectifiqué: «Si quieres bajo y lo recojo, avísame cuando estés llegando». Ayudar al mensajero me hizo conectar con mi valor principal en esos momentos. Cada vez que actuaba en coherencia con ese valor, me resultaba más fácil. Hoy, «ayudar» sigue en los puestos más altos de mi lista, pero ahora está integrado en mi vida.

En otra ocasión, mientras asistía a una clase de un máster, un profesor dedicó sus cuatro horas a explicarnos su vida en lugar de enseñarnos el temario que habíamos contratado. En un principio pensé: «No hay derecho, con lo que he pagado». Pero luego conecté con «la generosidad» y entendí que ese ser humano que tenía delante de mí necesitaba expresarse, desahogarse y compartir lo que sentía. Gracias a ese valor de mi lista me hice más compasivo y lo ayudé con mi escucha activa.

Ahora, sin más, toma tu cuaderno de coaching y elabora tus listas de valores.

Los valores más importantes en mi vida

1. En la lista de valores que encontrarás más abajo, puntúa de 1 (mínima importancia) a 10 (máxima importancia) los que consideres que ahora mismo rigen tu vida. Tienes que ser muy honesto contigo mismo para que puntúes según la importancia real que le estás dando en este momento de tu vida. ¿A qué actividades les dedicas más tiempo y energía? Si uno de tus valores no está entre los que te propongo, añádelo. A continuación, entre los que han obtenido la mayor puntuación, elige tus siete valores actuales por orden de importancia. Esta lista te ayudará a tomar conciencia de qué es lo que realmente estás, en este momento, valorando más.

2. Una vez que tengas tu lista de los siete valores actuales, pregúntate sobre cada valor: ¿me lleva este valor a la vida que yo quiero?, ¿quiero mantenerlo en mi vida? Si respondes afirmativamente, pásalo a tu lista de valores fundamentales. En cambio, si tu respuesta es negativa, ponlo en una posición más baja o elimínalo de la lista.

3. Escribe la lista de los siete **valores fundamentales** que quieres que presidan tu vida. ¿Cuáles necesitas tener para crear la vida que quieres? ¿Cuáles son los que te inspira tu yo más profundo? Leer los que te propongo más abajo y puntuarlos del 1 al 10 puede servirte nuevamente para elaborar tu lista definitiva. Ponlos en orden de importancia. Esos valores fundamentales son los que necesitas cultivar y trabajar hasta que sean una realidad para ti.

4. Haz otra lista con tus siete valores temporales, es decir, aquellos que te interesan en este momento para conseguir tu objetivo concreto o para trabajar más conscientemente lo que te hayas propuesto en este momento de tu vida. Si quieres iniciarte en el deporte o ponerte en forma, por ejemplo, pon «deporte» o «ejercicio físico» en un puesto alto, pues será un valor que deberás tener muy en cuenta para poder integrar ese hábito. Los valores de esta segunda lista quizá no sean tan importantes a nivel vital como los anteriores, pero sí lo son en este momento. De hecho, son los que te pueden llevar a hacer realidad esos otros valores más profundos.

5. Finalmente, quédate con dos listas: una con siete valores fundamentales y otra con siete valores temporales. Ambas listas pueden parecerse bastante, ser iguales o muy diferentes. A partir de ahora, **ten siempre presentes tus valores** para que tomes decisiones coherentes con ellos, así estarás caminando hacia la vida que quieres y no en dirección contraria. Cuando dudes sobre tomar una decisión u otra, solo tienes que consultar estas listas y ver cuál de las dos opciones está en consonancia con tus valores más altos.

Alegría	Belleza
Amistad	Beneficio
Amor	Bienestar
Aprendizaje	Bondad
Armonía	Calma
Arte	Cariño
Audacia	Claridad
Ausencia de esfuerzo	Comodidad
Autenticidad	Compañerismo
Autoafirmación	Compartir
Autoestima	Compasión
Autonomía	Competencia
Aventura	Compromiso
Ayudar	Conexión

Confianza	Espiritualidad
Congruencia	Espontaneidad
Consumir	Estabilidad
Coraje	Estética
Creatividad	Estudiar
Crecimiento	Eternidad
Cultura	Evolución
Dar	Excelencia
Dedicación	Éxito
Deporte	Expansión
Desapego	Fama
Descanso	Familia
Diálogo	Fidelidad
Dinero	Filosofía
Dios	Finalidad
Disciplina	Franqueza
Diversión	Fuerza
Dulzura	Generosidad
Ecología	Gratitud
Educación	Gratuidad
Ejercicio físico	Hermosura
Empatía	Hijos
Encuentro	Hogar
Energía	Honestidad
Enfoque	Humildad
Entendimiento	Humor
Entrega	Idealismo
Entusiasmo	Identidad
Equilibrio	Igualdad
Escribir	Independencia

Inocencia	Positivismo
Integración	Pragmatismo
Integridad	Prestigio
Internet	Productividad
Intimidad	Progreso
Intuición	Propósito
Justicia	Proximidad
Lealtad	Pureza
Leer	Realización
Libertad	Reconocimiento
Libertad para ser yo	Redes sociales
Liderazgo	Relajación
Ligereza	Religión
Limpieza	Renovación
Longevidad	Respeto
Luz	Responsabilidad
Mesura	Restaurantes
Misticismo	Riesgo
Nacionalismo	Riqueza
Naturaleza	Romance
Naturalidad	Sabiduría
Observación	Salir de fiesta
Ocio	Salud
Orden	Satisfacción
Paciencia	Seguridad
Pasión	Sencillez
Paz interior	Sentido de la vida
Placer	Ser
Plenitud	Serenidad
Poder	Servicio

Sexualidad	Transparencia
Silencio	Transpersonal
Sinceridad	Unidad
Sobriedad	Utilidad
Sociabilidad	Valentía
Solidaridad	Ver televisión
Tolerancia	Verdad
Total expresión de mi yo	Viajar
Totalidad	Vida
Trabajo	Vitalidad
Tradición	Voluntad
Tranquilidad	

NO DRAMATICES

Veas lo que veas y escuches lo que escuches, trata de no hacer un drama por nada. Cuando dramatizas, sales de tu poderoso estado adulto para actuar como un niño llorica que aún no ha madurado, que no tiene perspectiva y que aún no ha aprendido que nada es para tanto, ni siquiera la muerte, porque todos nos vamos a morir. **Todo se puede relativizar con un poco de perspectiva.**

Los peores dramas que algunas personas han traído a mi consulta se debían a una ruptura de pareja. Cuando escribí mi primer libro, entrevisté a una mujer muy sabia, María Quero Mapelli. Yo aún no me había separado de mi pareja, pero nuestra relación no se sostenía y tenía miedo.

—A veces es mejor separarse —me dijo María.

—Pero las rupturas son muy duras... —respondí.

—Bueno, peor es el cáncer —replicó ella tranquilamente—. ¿Sabes? Hay mucho sufrimiento que nos podríamos evitar. Cuando nos separamos, en parte sufrimos por la creencia de que el amor es para toda la vida. Y sí, hay veces que lo es, pero otras no.

Tardé más de dos años en comprender lo que María me había dicho. Y ahora lo suscribo totalmente: sufrimos de forma innecesaria en demasiadas ocasiones. **Terminar una relación no es un fracaso.** Yo creo en el amor para toda la vida, pero sé que, dure lo que dure, una relación siempre es un éxito porque has compartido, has vivido, has aprendido. El fracaso se produce cuando alargas lo que ya no existe o dejas de vivir por engañarte a ti mismo o por miedo al cambio. No has perdido tu tiempo porque una relación se rompa. Por una razón: estuviste experimentando. Por eso, siempre es un éxito, incluso si quedas con alguien y solo compartes una noche. Si tu relación dura toda la vida, genial. Pero, si se termina antes, también. Solo tú sabes cuándo algo está acabado. La clave está en que des lo mejor de ti cada día que pases junto a tu pareja. Cuando pones todo de tu parte y aun así puedes reconocer con honestidad que tu camino va por otro lado, solo significa una cosa: que **te esperan nuevas experiencias emocionantes y maravillosas si te abres a ellas.** Lo mismo sucede si la persona que está contigo decide marcharse.

«Si vives momento a momento, en tu totalidad, no habrá arrepentimiento ni culpa. Si has amado totalmente, no habrá ninguna duda. Si un día el amante se marcha, sencillamente significa que vuestros caminos se separan. Podemos despedirnos,

podemos darnos las gracias. Compartimos mucho, amamos mucho, hemos enriquecido mutuamente nuestras vidas».
OSHO

Para ser feliz, no dramatices. Ni por cosas pequeñas, como que te roben el teléfono móvil, te rayen el coche o se te queme la comida, ni por otras que te afectan más, como una ruptura de pareja.

DEJA ATRÁS LA CULPABILIDAD

Casi todos nos sentimos culpables en algún momento de nuestras vidas. Es algo inútil, pues **la culpa es una emoción muy tóxica** que únicamente sirve para robarnos la energía y la vitalidad. Del mismo modo que los demás no tienen la culpa de las cosas que te suceden, tú tampoco tienes la culpa de lo que les sucede a los demás. Ser responsable de tu vida es completamente diferente que sentirte culpable.

Si quieres sentirte bien y ser feliz, di lo siguiente: «Hola, culpa. Gracias por haberme acompañado tanto tiempo. Pero ahora me despido de ti. Para siempre».

LOS ERRORES ESTÁN PARA APRENDER

No hay ningún ser humano que no se haya equivocado. De hecho, las personas más brillantes de la historia son las que se han equivocado más veces. También se equivocan muchísimas veces todos aquellos que se atreven a vivir. ¡Podemos celebrar los supuestos fracasos! Yo lo he hecho más de una vez. Porque era consciente de que si fracasé fue porque estaba viviendo. **Atreverse es siempre la respuesta**. Algunas personas no viven determinadas experiencias por miedo a arriesgar y olvidan que el verdadero error en la vida es no atreverse a vivir.

Nada se pierde con vivir.
Todo se pierde con no atreverse.

Aprende a ser más tolerante con los errores ajenos. ¿Eres comprensivo con tus errores y los de los demás o montas en cólera a la primera de cambio? Si eres muy exigente contigo y con los demás, tus niveles de felicidad van a descender en picado. Cuando alguien cometa un error, no hagas una montaña de un grano de arena: pásalo por alto. Puede que tú no cometas ese tipo de equivocaciones, pero seguro que cometes otras. ¡No te dejes impactar tanto por lo que ves! Es totalmente normal equivocarse: forma parte de la naturaleza del ser humano.

LO IMPORTANTE ES LO QUE TÚ PIENSAS

Nunca haces el ridículo por intentar hacer tu propia vida, sino que quien se equivoca de lleno es el que te juzga por hacerla. Jamás harás tu vida si no te liberas de qué dirán los otros, porque, por mucho que te esfuerces en contentar a todos, es imposible. Hagas lo que hagas, siempre habrá gente que no lo verá con buenos ojos.

«Siempre da un triste espectáculo aquel que juzga a otro que trata de vivir la vida a su manera».
ALBERT EINSTEIN

Tardé treinta y dos años de mi vida en aprender lo importante que es liberarse del «qué dirán». Cuando lo conseguí, me empecé a sentir más libre y, poco a poco, me atreví a actuar bajo la luz de mi **propia conciencia**. Estoy convencido de que es lo mejor que he hecho en la vida. Porque lo que se desea con el corazón no puede ser malo, digan lo que digan los demás. **Haz lo que tú consideres correcto para ti**. Solo tú eres capaz de descubrir qué es lo mejor que puedes hacer.

Vivimos en un mundo en el que muchas personas opinan demasiado alegremente, más preocupadas por hablar del comportamiento ajeno que por crear su propia realidad. Debes saber que **lo que los demás piensen sobre ti o sobre tu vida no importa**, porque lo verdaderamente valioso es lo que piensas tú. No hablo simplemente de que hagas lo que realmente deseas hacer, siempre que no perjudiques a nadie. Lo que te pido es que aprendas a sentirte bien incluso cuando otros no aprueban tu conducta. Si lo consigues, habrás alcanzado la **libertad** y podrás mantener tu **bienestar** mientras disfrutas de tu propia vida. Y respetarás todas las opiniones, pues no sentirás la necesidad de criticar o juzgar a los demás por el hecho de que no te aprueben.

De otro modo, justificarás tu falta de felicidad alegando que la culpa la tienen los otros. Nadie es responsable de que no hagas tu propia vida, porque **nadie puede entrar en tu propia mente**. No puedes controlar a los demás ni ordenarles lo que deben pensar o decir, pero sí puedes conseguir que no te afecten tanto sus opiniones. A que te dé igual lo que opinen otros puede ayudarte saber que todo juicio que hace una persona habla en realidad de ella misma, de sus circunstancias de vida, su cultura, sus creencias y su manera de ver las cosas.

Las respuestas sobre tu propio camino están en tu interior.

A lo largo de la vida, no encontrarás un punto en el que todo el mundo esté de acuerdo sobre lo que es correcto o no. Si crees que los otros son responsables de tus sentimientos, eres un verdadero esclavo. Por eso, **para saber cuál es tu camino, confía en ti**. Gozas de una libertad verdadera cuando descubres que nadie es responsable de cómo te sientes. No dejes tu vida en manos de los demás. Es tuya y tienes derecho —un derecho sagrado que debes proteger— a vivirla como tú quieras. ¡Actúa ahora! Nadie está caminando sobre tus zapatos.

Es cierto que a menudo nos vemos influidos por los demás. Por eso, te animo a que seas amable con los otros, a que los apoyes y a que no juzgues. En definitiva, **vive y deja vivir**. Pero, si te cruzas con personas que no tienen en cuenta estos consejos y que opinan más de la cuenta, déjalas que digan lo que quieran, no sufras innecesariamente y céntrate en ti.

¡Rompe las cadenas del «qué dirán» y sé libre!

CUIDA DE TU NIÑO INTERIOR

Cada día de mi vida me propongo que el niño que fui esté orgulloso del adulto que hoy soy. Y es que todos albergamos en nuestro interior un niño al que le gusta que juguemos y que lo pasemos bien. Pero algunas personas se alejan tanto de las cosas que aman en la vida que acaban perdiendo la conexión con su niño interior. Y entonces todo empieza a ir mal.

Ten en cuenta las cosas que amas, para que seas consciente de ellas, y trata de que todos los días haya en tu vida algo que te guste de verdad, aunque sea un rato de lectura, un baño relajante o un café con un amigo al que realmente deseas ver. Mi amigo Pedro Álvarez, uno de los mayores expertos en la conexión con el niño interior, me explicó cómo mantenerla: cuando comience la semana, piensa en qué cosas vas a hacer el fin de semana por tu niño interior, de modo que el miércoles ya lo tengas claro: ¿vas a ir al cine?, ¿harás una excursión por la naturaleza?, ¿jugarás a los bolos con unos amigos? Porque tu niño interior necesita que reserves espacio para jugar, pasarlo bien y, en definitiva, **gozar de la vida**.

Cada vez que dejas de quererte, abandonas al niño interior que habita en ti y que tanta falta te hace para ser feliz.

«Todas las personas mayores
han sido niños antes
(aunque pocas lo recuerden)».
ANTOINE DE SAINT-EXUPÉRY

Cuida al máximo de ese niño que aún está dentro de ti. Pregúntale: «¿Qué quieres que haga por ti hoy?». Te sorprenderás al escuchar las respuestas.

Las cosas que amo

Hoy en día, vivimos tan rápido que nos desconectamos de las cosas que amamos, que nos hacen bien, que realmente nos gusta hacer. Algunas incluso las hemos olvidado. Son esas cosas que nos gustan porque nuestro cuerpo nos manda una señal de «sí, sí, sí» cuando pensamos en ellas, no porque estén de moda o las hagan nuestros amigos.

Yo tengo un tablero de visión en la pared en el que están escritos mis valores y objetivos, cómo es la persona que quiero llegar a ser, algunas afirmaciones positivas, los nombres de mis amigos y familiares a los que quiero cuidar y también las cosas que amo. Luego, añado fotografías de esas personas o imágenes que me inspiran. Me gusta tener presentes las cosas que amo para que no se me olviden, porque todos los días trato de reservarles aunque sea un ratito.

Y ahora te toca trabajar a ti. Haz una lista lo más larga posible de lo que amas y te gusta. Las cosas que amas son las que te hacen sentir bien, las que te elevan. No hay juicios ni prejuicios sobre ellas de cara a este ejercicio: apunta todo lo que te guste, pero no incluyas nada que no ames o que perjudique tu salud. En este último caso, pregúntate: ¿qué otra cosa, buena para mi salud, puede hacerme sentir igual de bien? Si lo que más te gusta es beber alcohol o comer bollería industrial, por tu propio bien vas a tener que ponerles límites muy estrictos y concretos a esas actividades, como hizo Marcos, o abandonarlas radicalmente. A muy pocos niños les gusta ver a un adulto borracho.

Incluye las actividades que más disfrutas, sean las que sean, y también las ciudades que más te gustan, los lugares que amas, el tipo de gente que prefieres, tus colores y deportes favoritos, los famosos o personajes célebres que admiras o has admirado, el tipo de música que te gusta, las actividades que te llenan —visitar exposiciones, leer, ir de compras, viajar, ver series, hacer senderismo, desayunar en una cafetería bonita...—, todo lo que se te ocurra. Sería genial que incluyas cosas que amabas cuando eras niño, adolescente o en la primera juventud y que aún pueden seguir gustándote aunque, por los motivos que sea, hayas dejado de hacerlas. La lista es abierta, de modo que puedes incorporar cosas nuevas siempre que quieras.

Una vez que hayas acabado tu lista, imprímela y trata de tenerla presente para que puedas planificar tu tiempo y reservar espacio para lo que te hace feliz. Se trata de que tu calendario esté salpicado de cosas que amas. ¡Y que esto sea así toda la vida!

EMPIEZA POR QUERERTE A TI

Te mereces una pareja que te admire, que te valore, que se ilusione cada día con pasar su vida a tu lado. El verdadero amor nunca se conforma. Y tampoco duele. El amor que duele no es amor, es dependencia. **No puedes amar a nadie si no te amas a ti mismo.** Por amor no tienes que renunciar a nada, ni a tus amigos, ni a tu talento, ni a tus gustos. **El amor suma, no resta.** Tener una relación amorosa es volar juntos, no dejar que alguien te corte las alas. Pero para volar más alto junto a alguien necesitas primero quererte tú.

«Cuando nos amamos realmente a nosotros mismos, todo nos funciona en la vida».
LOUISE HAY

Mientras escribía este capítulo, me escribió por Instagram una seguidora. Amparo me planteó la siguiente pregunta: «Curro, ¿cómo se supera cuando alguien a quien amas con toda tu alma te ha traicionado?». Le respondí: «Amando, comprendiendo y perdonando». No importa lo que te hayan hecho, lo valioso es tu propia vida, aprovechar el tiempo que te quede, porque ese es el mayor regalo. Y solo puedes aprovechar el tiempo de vida que te quede, sea cual sea, si te amas. No olvides nunca lo siguiente: tú eres lo mejor que tienes tú. Y eso nadie te lo puede arrebatar... salvo tú mismo.

El amor a uno mismo parece hacer magia: nuestra salud mejora, estamos más alegres, la envidia y el juicio se disuelven, las relaciones dejan de ser tóxicas, encontramos trabajos mejores, conocemos a personas interesantes y nos surgen oportunidades preciosas, casi diarias, para ser felices. Como ya he dicho, nadie que se quiere a sí mismo se hace daño ni hace daño a los demás.

Para amar, como asegura Alejandro Jodorowsky, hace falta emprender un **trabajo interior** que solo la soledad hace posible. Un trabajo que requiere ser valiente y atreverse a mirar lo que hay dentro de uno. Si huimos de la soledad como si fuera el mismo diablo, no podemos conocernos, y quien no se conoce no puede amarse.

«Cuando me amé de verdad, comencé a liberarme de todo lo que no fuese saludable: personas, situaciones y cualquier cosa que me empujara hacia abajo. Lo llamaron *egoísmo*, yo lo llamé *amor propio*».
CHARLES CHAPLIN

Mi vida empezó a cambiar de verdad cuando me marché solo todo un verano a Playa Blanca (Lanzarote). Sin conexión a internet, sin móvil y sin los miles de estímulos diarios de mi ajetreada vida en Madrid, no me quedó otra que enfrentarme a mis miedos más profundos, que habían permanecido ocultos bajo las sucesivas capas de mi falso yo. Descubrir que no me quería nada, que era negligente conmigo mismo y que no sabía cuidar de mí ni hacerme feliz fue doloroso, pero también el punto de partida sobre el que empecé a aumentar mi propia **autoestima**.

Ahora, muchos años después, soy más consciente de lo que quiero, de lo que necesito y de lo que estoy dispuesto a hacer por los demás y por mí mismo. Y no considero que sea egoísta hacer tal cosa, sino **amor por mí mismo**. Y sé lo importante que es. ¡Conozco personas que llegan a enfermar por no decir un «no»! Es muy triste que la única manera que tu cuerpo encuentre de negarse a hacer algo sea a través de una enfermedad, ¿no crees?

Cuando empecé la tarea de aprender a quererme a mí mismo, tuve que cuidar mi diálogo interior para no ser tan duro conmigo mismo. ¿Te has dado cuenta de cuántas veces una madre hace por su hijo lo que no haría por ella misma? Durante una conferencia en la que yo hablaba de la autoestima, una madre sentada entre el público me preguntó: «¿Cómo puedo quererme más?». Le respondí: «Haciendo por ti lo mismo que harías por tu hijo». ¿Qué consejo le darías a esa persona a la que tanto quieres? ¡Pues dátelo a ti! ¿Qué dirías para calmar a alguien a quien quieres cuando está agobiado? ¡Pues dítelo tú!

RESALTA LAS CUALIDADES DE LOS DEMÁS

Si quieres mejorar tus relaciones con los demás, obsérvate cuando resaltas cosas negativas y positivas de los demás. Me resulta muy triste que tantas personas se quejen de que otras a las que quieren huyen de ellas, sin darse cuenta de que son sus continuos comentarios negativos —«estás muy feo con barba», «estás demasiado delgada, tienes que engordar», «no vistes de forma apropiada»...— lo que las aleja. Si te observas y descubres que eres una de estas personas, toma una decisión radical: no hacerlo nunca más. Antes de decirle a una persona cómo debe ser, recuerda que no te ha pedido consejo ni preguntado tu opinión.

Cuando digas algo bonito, es muy importante que lo pienses realmente.

Acostumbra a tu mente para que busque los aspectos positivos, lo que le gusta de los demás, y resáltalos. Hacer comentarios positivos es una de las formas más sencillas para que una relación mejore. Hacerlo supone reconocer al otro y es uno de los mejores hábitos que puedes llegar a desarrollar para contribuir a que los demás y tú mismo os sintáis bien.

LA CLAVE MÁGICA PARA LAS RELACIONES EXTRAORDINARIAS

Ahora demos un paso más. Muchas personas dicen algo bonito cuando les gusta algún aspecto del otro, pero callan o son desagradables cuando ocurre al contrario. Tienes que entender que lo que te gusta o no te gusta es solo una interpretación de tu mente en ese momento, así que no le des tanta importancia. «Entonces, ¿no puedo decir mi opinión y lo que pienso?», me preguntan algunas personas a las que ayudo como coach para mejorar sus relaciones personales. Claro que puedes, por supuesto, pero entonces no estarás creando **sintonía** entre tú y la persona con la que quieres tener una buena relación. Lo que te propongo es algo más revolucionario: decide que lo que te gusta en el otro no es lo que tu mente te dice que te gusta, sino lo que le gusta a él. Es decir, si a tu hijo o tu marido le gusta llevar barba, a ti te gusta también. No estoy diciendo que renuncies a tus gustos sobre ti; solo te pido que apoyes los del otro. Y para apoyarlos de verdad, no vale guardar silencio ni decir «es mi opinión, pero tú haz lo que quieras». Si a tu amigo le gusta ir con flequillo, decides que así es como te gusta a ti también. Si tu hija quiere ser actriz, decides que eso es lo que tú quieres para ella también.

Transforma tus gustos sobre las personas a las que quieres y haz que coincidan con sus elecciones.

¿Te parece muy difícil? Te prometo que es posible. ¡Y mejorará mucho tus relaciones!

Todavía muchas personas cometen el que puede ser el mayor error de sus vidas: tratar de convencer (en el mejor de los casos) o manipular (en el peor) a sus hijos para que vayan por el camino que, en su opinión, los va a hacer felices. Es cierto que la intención de estos padres y madres no es mala, porque verdaderamente están convencidos de que será así, pero el riesgo que asumen es enorme porque pueden conseguir todo lo contrario: que su hijo sea infeliz o, peor aún, que tire su vida por la borda.

Si eres padre o madre, te propongo que trates de averiguar cuál es el camino que tu hijo cree que le va a hacer feliz. Cuando lo consigas y lo confirmes con preguntas que generan conciencia —por ejemplo, «¿Cómo te ves en el caso de que ya hubieras conseguido eso que quieres?»—, **haz el esfuerzo de creer que ese camino lo hará feliz**. Si se equivoca, estará aprendiendo de sus propios errores, no de los tuyos. Esta decisión radical implica que cuando tu hijo se equivoque, porque lo hará en algún momento, escoja el camino que escoja, no digas: «Te lo dije». ¡Intenta ayudarle!

Y si no tienes hijos, actúa del mismo modo con quienes te rodean y con aquellos a los que quieres. Así conseguirás que tus relaciones sean más plenas y saludables, más comprensivas y amorosas.

Nunca olvidaré a Carlos, un chico jovencísimo que acudió a mi consulta y con el que trabajé diversos objetivos. Él deseaba con todas sus fuerzas ser actor de teatro, pero su padre, bastante estricto, creía que era un error y que debía estudiar una oposición. Carlos estaba muy confundido y llegó a mí en busca de ayuda. Realmente su padre quería lo mejor para él: pensaba que, con la oposición, obtendría una plaza que le daría tranquilidad y seguridad de por vida. Olvidaba que muchas personas han visto sus vidas truncadas por no haber conseguido esa plaza o, incluso, han caído en depresión por estudiar una carrera que detestaban.

Durante los ejercicios para conectar con su **estado adulto** y su **sabiduría interior**, pedí a Carlos que se escuchase solo a sí mismo y le dije que lo que era bueno para él también lo sería para su padre. Lo animé a realizarse como ser humano, a ser valiente y a defender su vida sin culpar a su padre. Y le recomendé que durante las tres semanas siguientes se repitiera, unas cincuenta veces al día, esta afirmación: «Me doy permiso para realizarme».

A las tres semanas, Carlos regresó con su recién hallada decisión: iba a hablar con su padre y a expresarle su amor, pero al mismo tiempo le comunicaría que no quería opositar bajo ningún concepto porque sería ir en contra de su corazón. Había reunido la valentía necesaria para seguir su propio camino.

LA FUERZA DEL ESTADO ADULTO

Una vez hice un curso de Análisis Transaccional y aprendí a distinguir cuándo actuaba desde estos tres estados: el niño, el adulto y el padre. Debemos escuchar los tres estados y, como hemos visto, cuidar al niño interior, pero el que decide y lleva las riendas de tu vida debe ser tu estado adulto. El adulto vive la vida en el presente. Es valiente, y eso lo hace poderoso, pues en la valentía siempre se encuentran la **fuerza**, la **felicidad** y el **poder**. Por todo ello, debemos tomar nuestras decisiones como tales.

El estado adulto te da la fuerza para caminar con decisión, gozar del presente y conseguir tus objetivos.

En ocasiones, por miedo o al dramatizar una situación, caemos en el estado niño y vemos la realidad desde ese estado, aunque no seamos conscientes de ello. ¿Te has fijado en lo ridículo que resulta un adulto que tiene una absurda rabieta porque no consigue lo que quiere? Ha caído en el estado niño. Y lo mismo ocurre cuando no afronta las cosas tal y como son o actúa desde el miedo.

El adulto es amoroso y comprensivo con su niño interior y trata de tenerlo contento, pero al mismo tiempo no pierde de vista qué le conviene a él mismo en cada momento de su vida, cuál es su objetivo y su visión..., y convence al niño si es necesario. Puedes negociar con tu niño interior cuando trata de impedir que hagas algo que te conviene como persona. El niño puede decir «no quiero estudiar», «no quiero hacer esta llamada porque me da vergüenza», «no quiero ir al gimnasio», «no quiero cumplir con este compromiso», pero el que decide es el adulto. Un adulto amoroso. Si tu niño interior tiene miedo porque piensa que alguien va a darle de lado o abandonarle, cálmalo: «Tranquilo, todo está bien, todo está bien, no hay nada de lo que preocuparse».

Otras veces, en cambio, el adulto cae en el estado padre; concretamente cuando se pone rígido y sentencia: «las cosas son así», como si no pudieran ser de otra manera. Entonces hay que ponerlo en su sitio y tenemos dos opciones: seguir así o **tomar el control** desde el estado adulto. Es una decisión personal.

Vivir supone estar en el momento presente. Y ahí es donde, siempre, invariablemente, está la felicidad.

La felicidad es una conquista de cada instante.

Cuando te des cuenta de que has caído en el estado niño o padre, pregúntate: ¿cómo pensaría y cómo actuaría ahora si volviera a mi estado adulto? Verás como inmediatamente te viene la respuesta. Es cierto que, en ocasiones, resulta más cómodo mirar para otro lado que tomar las riendas de nuestra vida, que es lo que significa ser adulto.

¿Qué he logrado en mi vida?

Muchas veces nos fijamos más en nuestros errores que en los aciertos y no somos conscientes de todo lo que hemos logrado en nuestra vida. Te propongo que escribas en tu cuaderno una lista, lo más extensa posible, de todas las cosas que has conseguido desde que naciste. Ten en cuenta que el hecho de nacer ya es un gran logro: había millones de espermatozoides que no llegaron a fecundar un óvulo. Anota cien logros, que pueden ir desde el hecho de aprender a nadar o a montar en bici hasta haber viajado a un lugar lejano, haberte sacado el carnet de conducir o haberte atrevido a besar a tu primera novia. ¡Escríbelo todo! Luego, pregúntate: «¿Qué recursos hay dentro de mí para haber sido capaz de conseguir todo eso?». Ya verás lo bien que te viene tener presente todo lo que has conseguido hasta la fecha actual.

LAS PERSONAS FELICES SON AGRADECIDAS

Dar las gracias constantemente a la vida por lo que tienes y por lo que tendrás hace que llegues a sentirte una persona afortunada. Uno de los seres más felices que conozco es mi amiga Nuria Gago, actriz y escritora, a la que admiro profundamente como profesional y como persona. Tengo el honor no solo de ser su amigo, sino de que ella confíe en mí como coach. Durante unas diez sesiones, hicimos un buen trabajo juntos y este se materializó en el logro de las cosas que ella más deseaba. En la última sesión se presentó con varios regalos con los que ella quería agradecerme el trabajo que habíamos hecho. Y me ha dado las gracias desde entonces, tanto en público como en privado, varias decenas de veces. Por eso la nombro en este apartado, porque Nuria **agradece desde el corazón,** y precisamente por eso sigue atesorando a cada paso momentos y experiencias bonitos.

¿Te has fijado lo increíblemente bien que te sientes cada vez que agradeces desde el corazón?, ¿te das cuenta de que siempre hay en tu vida cosas por las que dar las gracias? **El agradecimiento es una emoción de muy alta vibración.** Cuando agradeces, te sientes más ligero, tu corazón está más abierto, tienes más ganas de hacer cosas, sientes más entusiasmo por la vida y más plenitud y más ganas de vivir el presente. Tú decides en qué enfocas tu atención: en las cosas por las que puedes sentir agradecimiento o en aquellas que puedes criticar o por las que puedes quejarte.

Muchas personas no se detienen a agradecer de manera consciente. Lo que ahora te propongo es **dar las gracias deliberadamente**, es decir, que de algún modo reconduzcas y guíes a tu mente hacia el agradecimiento. Rellena cuadernos con listas de todos los aspectos positivos que hay tanto en tu vida como en este universo, y da las gracias por todos ellos siendo consciente del trabajo que hay detrás de cada cosa que disfrutas. ¿Piensas en esto cuando vas al cine o a un restaurante o te quejas de lo cara que es la entrada o el plato de comida?

Agradecer no significa conformarse. Se puede ser muy ambicioso, pero al mismo tiempo sentirse muy agradecido por todo lo que se tiene en este momento. Y por muy poco que tengamos, siempre tenemos cosas que agradecer, empezando por la más importante de todas: estamos vivos. Cuando agradeces, te sientes bien y eres más feliz, por lo que te llegarán más cosas que agradecer.

«Al universo le gusta la gente agradecida».
LOUISE HAY

Y sí, es posible sentirse agradecido incluso por las cosas aparentemente «malas» que nos suceden. En muchas de sus conferencias, mi amiga Francisca Ruiz Ramírez ha dado públicamente las gracias por el primer hombre del que se enamoró, alguien que no se portó demasiado bien. Pero ella se siente agradecida porque él fue el impulso que necesitaba para aprender a quererse a sí misma, el primer paso para llegar al lugar en el que se encuentra hoy, felizmente enamorada de David, un hombre maravilloso que la ama con locura.

Durante más de un año, antes de dormirme escribía entre cinco y diez cosas por las que me sentía agradecido. Revisaba con lupa todo lo que había experimentado ese día y así me enfocaba en lo positivo de la jornada, agradeciéndolo y dándome cuenta de que de otro modo no me hubiera fijado en ello. Cuando me despertaba, volvía a agradecer mentalmente. Si lo pones en práctica de manera deliberada durante un tiempo, llegarás a hacerlo con naturalidad y tendrás integrado ese hábito. Ahora, yo doy las gracias muchísimo, tanto interna como externamente, y me encuentro a más personas a mi alrededor que, a su vez, también me agradecen.

Cuando no nos sentimos positivos y no nos sale agradecer, conviene realizar este ejercicio antes de dormir y al despertarse. Si durante el día no te ha sucedido nada bueno, lo cual sería rarísimo, entonces agradece cosas más generales. **La gratitud es una de las emociones que llevan, sin ningún género de dudas, a la felicidad.** Si no te sale de manera natural, ¡cultívala! Te prometo que, si agradeces lo que tienes, con el tiempo te van a llegar cosas preciosas.

Mi paseo de gratitud

Un paseo de veinte minutos para agradecer conscientemente lo que tenemos y lo que llegaremos a tener es una excelente práctica de crecimiento personal.

Divide el tiempo de paseo en dos partes de diez minutos. Durante la primera, agradece todo lo que se te ocurra que ya esté en tu vida. En la segunda parte, agradece como si ya fueran una realidad presente las cosas que aún no tienes, pero que quieres que lleguen a tu vida.

Agradecer lo que aún no has logrado como si ya lo hubieras conseguido, llegando a sentir gratitud realmente, es una forma muy efectiva de aumentar tu confianza en la vida y en que tus deseos se van a convertir en realidad.

TRES INGREDIENTES ESENCIALES PARA TU SALUD (Y, POR TANTO, PARA TU FELICIDAD)

De nada sirve cumplir tus sueños si luego no tienes la salud necesaria para disfrutarlos. Y solo tú puedes saber si te levantas todos los días de la cama sintiéndote a tope de energía o, por el contrario, casi te arrastras por el suelo y te enfadas con el mundo por tener que afrontar otra jornada. Las cifras que dan las estadísticas son preocupantes. Solo en España han aumentado en más de 200.000 los casos de cáncer en el último año, y se prevé que sigan aumentando.

Sabemos, y ya hemos hablado de ello, que las emociones influyen mucho en la salud. Por eso, defiendo las emociones positivas y animo a todo el mundo a cultivarlas. Odile Fernández, basándose en pruebas científicas, afirma: «Desde el punto de vista fisiológico, podemos entender que el estrés crónico, las emociones mal controladas influyen en las enfermedades, y eso no lo podemos negar. Por eso deberíamos aprender a calmarnos, a serenarnos».

¿Cuidas tu cuerpo diariamente? ¿Controlas el estrés? ¿Te nutres con lo mejor para ti? ¿Cuánto deporte haces? ¿Qué salud quieres tener en el futuro?

El **deporte o ejercicio físico** y la **alimentación** son un apoyo maravilloso para que tu estado emocional sea alto. Y además ayudan de forma directa a que el cuerpo funcione correctamente, previniendo enfermedades crónicas como la diabetes, la hipertensión o incluso el cáncer. Son muchas las enfermedades que podrían evitarse con un cambio de hábitos. Una alimentación sana y treinta minutos de deporte diarios cinco días a la semana pueden salvarte la vida.

Yo hacía poco deporte y comía mal. Mi resistencia física era nula. Pero aposté por la salud y por la vida, así que decidí que llegaría a amar el deporte y el ejercicio físico. Poco a poco, fui aprendiendo. Al principio me costó mucho afianzar el hábito; ahora lo tengo totalmente integrado en mi vida. Quería convertirme en una persona muy deportista que estuviera muy en forma y después de varios años lo he conseguido. Lo que más practico en este momento es *running* y ejercicio en el gimnasio (a veces también *crossfit*, porque me reta y me gusta interactuar con un grupo de personas que tienen el mismo objetivo que yo). Y, por supuesto, camino todo el tiempo. Como yo, **puedes llegar a amar el deporte si te lo propones.**

El deporte mejora tu salud física y mental en el presente y en el futuro.

Cito ahora un artículo del periódico *El País* sobre el sedentarismo: «Un nuevo estudio realizado entre los españoles muestra de forma abrumadora el salto gigantesco que hay entre la salud de quienes hacen deporte y quienes no. La incidencia de enfermedades se incrementa notablemente en la población inactiva, cuadruplicándose en algunos casos con respecto a la observada en la población que practica actividad física o deporte». ¿Cómo podemos leer algo así y seguir sin hacer deporte?

Hacer ejercicio físico y cuidar tu cuerpo también son las maneras más efectivas de mantener en forma tu cerebro. De este modo, retrasas mucho el envejecimiento cerebral y aumentas las posibilidades de prevenir enfermedades como el alzhéimer. Solo por caminar una hora al día ya te haces el mayor de los regalos, porque fortaleces tu corazón, limpias tus arterias y tonificas tu cerebro.

Mucha gente alega para no hacer cambios que todo está en los genes. Aunque es cierto que hay enfermedades genéticas, las células expresan (activan) unos genes u otros dependiendo de muchos factores ambientales, emocionales y de alimentación en los que tú sí tienes algo que decir.

La alimentación es el otro gran pilar de la salud. El amor por la nutrición óptima, saludable y deliciosa me lo transmitió Carmen Giménez-Cuenca. Somos muchos los que nos estamos esforzando por dejar atrás hábitos y creencias que nos llevan a alimentarnos mal. Si tu patrón mental te obliga a alimentarte de forma poco saludable, puedes cambiarlo. **Tu salud y tu vida están en juego.**

Come lo que te gusta dentro
de lo que te sienta bien.

Mucha gente no es consciente de que **la alimentación influye en las enfermedades que se pueden padecer en un futuro**. Cuando entendí que cada vez que comía productos llenos de grasas saturadas, como hamburguesas, patatas fritas o bollería industrial, perjudicaba mi corazón y el resto del sistema circulatorio que lleva oxígeno a mi cerebro y al resto de mi cuerpo, se me quitaron las ganas de consumirlos.

Llevo años trabajando en mejorar conscientemente mi alimentación. He hecho cursos de coaching nutricional y aún sigo aprendiendo a disfrutar de la comida que me hace bien. En febrero de 2018 decidí dejar de tomar alimentos que intoxiquen mi cuerpo. Aunque no he renunciado a ellos de forma radical, porque soy flexible, no los ingiero si puedo elegir. Puedes llegar a disfrutar con una **alimentación óptima, equilibrada y deliciosa** mucho más que con otra que te perjudica. Si comes bien, disfrutas haciéndolo.

Si dejas de fumar, te cuidas, haces ejercicio, descansas, sabes controlar tu estrés, comes bien y te nutres cada vez mejor, te sentirás bien, ágil y con buena forma física. Y el argumento definitivo a favor de todas estas prácticas y hábitos saludables es que serás más feliz en el momento presente.

Aliméntate bien,
tendrás más energía y vitalidad.

Pero si decides empezar a cuidarte, o a hacerlo más que antes, como yo, te encontrarás con muchas resistencias por parte de tu entorno y de la sociedad. Lo no saludable se defiende y se promociona más, no solo desde las grandes cadenas de supermercados y los numerosos bares de tapas o restaurantes de comida rápida, sino también desde lo que escuchamos a nuestros amigos y familiares. Hace un tiempo, tuve una conversación con mi querida amiga Estrella Lara-Barahona. Los dos concluimos que **la sociedad quiere personas que coman mal, que se nutran mal,**

que se alimenten con tóxicos, en definitiva, que engorden, pero no demasiado.

Ignora los comentarios de las personas que no han aprendido a cuidarse y **escúchate a ti y a tu dietista o nutricionista.** Me he formado en nutrición para poder asesorar a otros y he evolucionado lo suficiente como para no querer intoxicar mi cuerpo con alimentos que no me aportan nada. Respeto mi cuerpo como si fuera un templo, y disfruto cuidándome. Y me encanta la idea de saber que dentro de unos años me cuidaré todavía más, porque cada vez sé más.

Sé, por ejemplo, que cuando ingiero alimentos que mi cuerpo no entiende se convierten en toxinas. Y que estas no solo lo envejecen y estropean, sino que además pueden provocarle enfermedades en el futuro. Yo quiero disfrutar del presente (comiendo alimentos deliciosos y nutritivos) y llegar a los cien años con salud, disfrutando también entonces de la vida. Y por eso me cuido.

Todos tenemos dentro las dos posibilidades:
un yo saludable y un yo no saludable.
La elección es tuya.

ACEPTA LO QUE ERES

Todos tenemos zonas oscuras, partes que no queremos compartir con quienes nos rodean porque nos avergonzamos de ellas. Y no las compartimos porque pensamos que esas personas van a dejar de querernos o nos juzgarán. Sin embargo, no es para tanto.

Cuando algo nos sale mal, conviene pararse, respirar y aceptar lo que ha sucedido. Hay una oración que suelo repetir en momentos de aturdimiento: «Pido serenidad para aceptar las cosas que no puedo cambiar, valor para cambiar las cosas que puedo cambiar y sabiduría para conocer la diferencia». Efectivamente, en ocasiones no nos queda otra que aceptar lo que hay. Y, por supuesto, **lo más sensato es que te aceptes tal y como eres**.

Durante meses estuve repitiéndome internamente esta frase: «Me acepto y me apruebo tal y como soy». Aceptar no significa que no podamos mejorar o que tengamos que quedarnos tal y como estamos para toda la vida, sino que decidimos **amarnos incondicionalmente** tal y como somos en este momento, incluso con lo que consideramos nuestros defectos. Porque si tú no te amas y no te aceptas en tu totalidad, rechazas una parte de ti. Y si te rechazas, no puedes efectuar cambios positivos en tu vida porque te dominará un sentimiento de culpa paralizante y destructivo. ¡La aceptación no tiene nada que ver con la resignación! Solo aceptas que estás donde estás ahora, pero sabes que dentro de un tiempo, si tú lo decides, estarás en otro lugar. ¿Qué puedo hacer para mejorar esta situación?, puedes preguntarte. Y puedes incluso elaborar un plan que te lleve a ser la persona que deseas.

No alcanzarás tu felicidad verdadera mientras no te aceptes totalmente. Y quererte y valorarte implica aceptar tu sombra.

ILUMINA TU SOMBRA

Tu sombra es esa parte de ti que ocultas a los demás porque piensas que es mala. Es lo que haces cuando nadie te ve. Pero tu sombra forma parte de ti, al menos en este momento, y tu yo no está completo sin ella. Con mucha frecuencia ni siquiera somos conscientes de nuestra sombra. Llevamos tanto tiempo mirando para otro lado que ni siquiera sabemos **qué rechazamos de nosotros mismos**. Es entonces cuando las personas que nos rodean nos dan mucha información sobre cómo y quiénes somos.

«Cuando odiamos a alguien, odiamos en su imagen algo que está dentro de nosotros».
HERMANN HESSE

Si ves algo en otro que te saca de tus casillas, eso también está dentro de ti. De lo contrario, no te revolvería tanto por dentro. Simplemente, te daría igual. Una manera muy efectiva de averiguar tu sombra, por tanto, es observar qué te irrita de los demás y luego hacerte la siguiente pregunta: ¿qué información sobre mí me está dando esta persona en este momento?

«Todo lo que nos irrita de otros nos lleva a un entendimiento de nosotros mismos».
CARL GUSTAV JUNG

Cuando tuvieron lugar en Madrid las primeras manifestaciones en contra del matrimonio homosexual, yo sufría con lo que veía por la televisión. No podía entender cómo había personas que se manifestaban con pancartas para que otras personas, entre las que me incluía, no pudieran hacer su propia vida. Años después descubrí que aquello que me afectaba tanto estaba dentro de mí de algún modo: aún no me había liberado de ciertos condicionamientos. Aún estaba dentro del armario. No me aceptaba a mí mismo tal y como era: de un modo muy inconsciente, estaba rechazándome de la misma manera que esos manifestantes rechazaban a la gente como yo. Al mismo tiempo, cuando salí del armario y conseguí aceptarme incondicionalmente, todo eso dejó de afectarme tanto. Por supuesto que seguía expresando mi opinión a favor de la igualdad, pero ya no sentía un desgarro interior cada vez que salía el tema.

En otra ocasión, me indignó un tuit de un conocido escritor que atacaba a las personas que se dedican al crecimiento personal. Pero me detuve a reflexionar y me dije: «Curro, tienes que averiguar por qué te ha molestado tanto». Y entonces descubrí que yo no estaba lo suficientemente seguro de mi trabajo como para que me diera igual que ese escritor, que seguramente se creía muy importante, malgastara su tiempo atacando o ridiculizando la misión de vida de otras personas. Hoy por hoy, años después, no me afectan en absoluto esos comentarios desconsiderados.

SANA TUS PROPIAS HERIDAS

Para curar tus heridas tienes que conocerlas, saber dónde están y qué es lo que las ha provocado. Tu sombra, normalmente, tiene que ver con ellas. El rechazo era una de mis heridas más profundas y me provocaba un enorme miedo al juicio ajeno. Y ese miedo me impedía actuar como yo quería.

Cuando juzgamos a alguien, en realidad estamos rechazando algo de él. Y el otro se da cuenta de ese rechazo, aunque no lo expresemos abiertamente. Cuando era pequeño, otros niños de clase a veces se metían conmigo y se reían de mí, pero no por aspectos externos, sino por algo que estaba directamente relacionado con mi yo esencial, con lo más profundo de mí. Al principio, no entendía nada. Ese rechazo me llevó a ocultar mi condición sexual y a dejar de ser yo mismo, negando así mi propia vida. Tardé treinta y dos años de mi vida en conseguir liberarme y decidirme a mostrarme tal y como era porque tenía miedo.

¿Cuáles son tus heridas más profundas?

Aunque eso ya pasó, los juicios me siguen haciendo mucho daño. Cuando juzgas a alguien, esa persona lo percibe porque, aunque no sepa qué sucede exactamente, sí siente cierta incomodidad o dolor. Y ese sentimiento también te afectará y perjudicará a ti. Por tanto, **lo mejor es no juzgar**, como recogen las sabias tradiciones espirituales de todos los tiempos. Desde hace años, tengo la intención de no juzgar a nadie. Pero, si alguna vez juzgo, luego me imagino a esa persona delante de mí y le digo: «Por favor, perdóname», mientras observo en mi mente cómo nos damos un cálido abrazo y todo queda resuelto.

Una vez que sané mi herida, mi sombra se iluminó y ya no me afectan igual los juicios ajenos.

Esto no significa permitir que los demás abusen y nos hagan lo que no queremos o nos manipulen. Lo primero es amarse a uno mismo, y para eso es necesario poner límites y protegernos. Yo he sufrido mucho aparentando ser lo que no era, y ahora sé que por vivir de cara a la galería uno no consigue lo que tanto anhela: que los demás le acepten. Porque **amar es aceptar las diferencias**, las nuestras y las de los demás, comprendiendo que solo debemos poner límites a lo que nos cause un daño directo y real.

ACABA CON TU MIEDO, ES UN ENEMIGO DÉBIL

Cada vez que tienes miedo, sufres. Y tu cuerpo es el principal perjudicado. **El estrés no es más que miedo**, y solo tiene sentido en situaciones de emergencia, cuando nuestro cuerpo debe actuar rápidamente ante un peligro real e inminente. El problema es que en la sociedad en la que vivimos no hay demasiados peligros verdaderos, pero sí se dan constantes situaciones de falsa emergencia a lo largo del día: llamadas laborales que nos sacan de nuestras casillas, mensajes molestos, plazos que van a vencer, impuestos y facturas que pagar. En definitiva, pequeños o grandes sustos cotidianos y un montón de situaciones de mayor o menor importancia que muchas veces arruinan nuestro bienestar.

Cada vez que nos estresamos perdemos la homeostasis —el equilibrio corporal—, esta se altera constantemente y eso tiene consecuencias graves para tu salud. Si las hormonas que deben salvarte de un peligro real que se presenta muy ocasionalmente se liberan todos los días en las más diversas situaciones o, peor aún, vives de forma casi permanente en estado de emergencia hasta el punto de que necesitas pastillas para dormir, vas a enfermar tarde o temprano. Tu cuerpo invertirá toda la energía que dedica a reparar las células y mantener tu salud en apagar esos fuegos cotidianos que te estresan. Cuando esto sucede, tus células «enloquecen» y dejan de actuar de forma armónica y organizada entre ellas, formándose un **caos interno** nada recomendable. Y tu sistema inmune, tan necesario para alejarte de las enfermedades, se debilita.

Un estrés sostenido en el tiempo trae desastrosas consecuencias para tu salud.

El estrés se basa en el miedo y por eso dispara **emociones tóxicas** como la rabia, la impotencia, la venganza, la envidia o la culpa. El miedo no puede existir cuando estás en el aquí y ahora. Siempre que tienes miedo es porque piensas que algo malo puede suceder en el futuro o que se va a repetir algo del pasado. Por eso, lo más importante cuando sientas los primeros indicios del estrés es calmarte. Y puedes lograrlo pensando y diciéndote cosas agradables, olvidando lo que tanto te preocupa. ¡Vuelve al presente! Cuando dejas que el estrés te domine, impides que tu mente y tu cuerpo recuperen el equilibrio perdido.

Si tienes miedo a lo que vendrá,
vuelve al presente.
Si tienes miedo a que se repita lo que pasó,
vuelve al presente.
Ven aquí, ven ahora, y el miedo desaparecerá.

Sé tu propio coach

Con todas las personas a las que ayudo en mi consulta o en las sesiones *on line* comparto, en nuestra última sesión, un **proceso de automaestría** que ideé, basándome en mi formación en coaching, para enseñarles a conseguir sus objetivos y autogestionarse cada vez que se sientan perturbadas emocionalmente. Básicamente, consta de **preguntas poderosas** que te permitirán ser tu propio coach. Y es que cuando te haces preguntas inteligentes, surgen de tu interior respuestas inteligentes. Modificando las preguntas que te hagas sobre ti mismo y sobre lo que te sucede, puedes cambiar de forma instantánea la manera de enfocar cualquier situación y, de ese modo, también cambiarán las acciones que lleves a cabo.

Cuando algo te perturbe, te sientas incapaz de tomar decisiones, no sepas qué opción elegir o te domine el miedo, siéntate a charlar contigo mismo. También puedes hacerlo para enfocarte en lo que quieres o para conseguir una meta.

Reserva un espacio para ti en casa donde, durante un rato, nadie te moleste. O ve a una cafetería silenciosa y tranquila donde puedas concentrarte.

El procedimiento es muy sencillo. Toma tu libreta de crecimiento personal y, por escrito, empieza a plantearte preguntas que irás respondiendo de forma fluida. Esas preguntas van desde el **objetivo** (qué quieres conseguir) y la **realidad** (qué te preocupa) a los **recursos** (los que ya posees o necesitas incorporar), las **opciones** (de aquí en adelante) y el **plan de acción** (qué vas a hacer). Una vez recorridas estas cinco fases —que coinciden con las que forman una sesión de *coaching*—, te sentirás en calma.

Quizá al principio no tengas muchas ganas de escribir, pero, a medida que vayas viendo las cosas sobre el papel, te sentirás mejor. Poco a poco irás recuperando tu fuerza y tu estado de ánimo.

A continuación encontrarás ejemplos de algunas preguntas que puedes hacerte, pero se trata de que tú seas tu maestro y de que llegues a plantearte las preguntas que necesitas responderte. Como comprobarás cuando practiques lo suficiente, es un método muy fluido. Déjate llevar. Dependiendo de la situación concreta, te servirá hacerte unas preguntas y otras no. Debes decidir cuáles son las preguntas más adecuadas al tema que estás trabajando. Y puedes añadir todas las que quieras.

1. Fijar mi objetivo

¿Qué quiero conseguir?

¿Qué busco?

Entre las posibles respuestas están sentirte mejor y recuperar la conexión contigo mismo, tomar una decisión respecto a un asunto, decirle a alguien lo que quieres decirle, conseguir el dinero para ese viaje que quieres hacer, reconciliarte con tu padre... Es decir, el objetivo que deseas conseguir. Escríbelo de la forma más concreta posible.

2. Explorar la realidad de lo que ha sucedido

¿Qué ha pasado? Escribe unas líneas sobre lo que ha pasado.

¿Cómo te sientes?

¿Qué se te pasa por la cabeza?

¿Qué ha sucedido para que te sientas así?

¿Sabes dónde estuvo el primer detonante o la causa por la que empezaron a cambiar tus pensamientos y tu estado de ánimo?

(Puede ser algo grave o bien algo más sutil, como una llamada o un mensaje que viste en las redes sociales; y casi siempre hay detrás un pensamiento, lo que pensaste a causa de lo que sucedió, relacionado en un nivel profundo con un juicio del tipo «no valgo», «no lo voy a conseguir» o «no lo merezco»).

¿Qué es lo que más te ha molestado?

¿Qué es lo que más te preocupa?

¿Desde qué otra perspectiva podrías contemplarlo?

¿Qué es lo peor que puede pasar?

Si eres responsable de tus emociones, ¿qué te estás diciendo para sentirte así? ¡Escríbelo!

Las emociones son grandes maestras, ¿qué mensaje intenta darte la que estás sintiendo?

¿Qué puedes aprender de lo que ha sucedido?

¿Para qué te ha servido lo que ha sucedido?

¿Qué pensamiento te perturba y cómo podrías darle la vuelta?

3-4. Pensar en todos los recursos y opciones

Escribe todas las posibilidades y opciones que se te ocurran (cuantas más, mejor), por disparatadas que te parezcan.

¿Con qué recursos cuentas para conseguir tu objetivo y cuáles tienes que incorporar?

¿Qué opciones tienes para mejorar y conseguir tu objetivo?

¿Qué puedes hacer a partir de ahora para sentirte mejor y lograr lo que deseas?

¿Cómo actuarías ahora si te pusieras en tu estado adulto?

¿Cuál sería la opción más valiente y honesta?

¿Qué harías si confiaras en ti mismo y no tuvieras miedo?

¿Hay alguna cosa que puedas hacer para sentirte mejor, para tomar las riendas, para seguir adelante con entusiasmo?

¿Qué puedes decirte a ti mismo para automotivarte? ¿Y para sentirte mejor? ¡Escríbelo!

¿Qué puedes hacer para solucionar este problema?

¿Qué es lo mejor para ti a partir de ahora?

¿Necesitas ayuda de alguien? ¿Qué o quién puede ayudarte?

5. Pasar a la acción

Este último paso es, desde luego, uno de los más importantes. Sin acción no hay compromiso y, si no te comprometes contigo mismo, pocas veces harás realidad tus deseos. Aunque se trata de una acción inspirada por una manera de pensar diferente. Primero tienes que llegar a sentirte bien (gracias a los pasos anteriores) y, ahora, pasa a la acción inspirada por tu propia vida.

¿Qué opción escoges y qué vas a hacer a partir de ahora para acercarte a lo que realmente quieres? Ten presentes tus valores y elige aquella que sientas que te acerca más eficazmente a tu objetivo actual. Detalla, paso a paso y en un marco temporal, tu plan de acción. Ese es tu compromiso y lo que te llevará a avanzar. ¡Hazlo!

Para finalizar tu sesión contigo mismo, observa cómo te sientes y reflexiona.

6

Todo irá bien

Todos somos magos, pero un buen mago siempre está dispuesto a hacer su parte del trabajo. La magia existe, pero para que funcione es necesario trabajar en ella todos los días. **La vida nos ayuda cuando estamos dispuestos** a dar el siguiente paso, a no mirar para otro lado y a aceptar las cosas tal y como son en este momento. Sin miedo. Sin quejas. Sin reproches. Sin culpas. En este momento de mi vida, después de haber luchado en muchas batallas internas, me siento clarividente: he integrado en todas mis células que sentirme a gusto en el lugar en el que me encuentro es lo más importante. Desde ahí, **todo es posible**.

La magia existe, pero para verla y experimentarla tienes que creer en ella. Yo creo en la magia y en el poder de la palabra, por eso he escrito este libro. **Confío en la vida y en mí mismo** más de lo que nunca lo hice ni lo hicieron. También **confío en ti**. Aprender a querernos a nosotros mismos y a los demás —no solo a nuestros familiares y amigos más cercanos, sino a todos los seres humanos—, incluso cuando no entendemos sus puntos de vista o sus comportamientos, es algo muy poderoso.

Y tampoco hay felicidad verdadera cuando te niegas a crecer, a expandirte y a superar tus límites. No hay felicidad verdadera cuando decides quedarte en tu zona de falsa comodidad, porque negarte a crecer va en contra de la naturaleza y de todo el fluir del universo. En unas ocasiones, permites que los cambios que la vida te propone se den a través de ti; en otras, lo impides. **Cuando lo permites, avanzas y caminas de la mano de tu felicidad**; cuando lo impides, te detienes, te estancas y sufres.

«Mamá decía que hay milagros todos los días. Mucha gente no se lo cree, pero es verdad».
FORREST GUMP

Entiendo la vida como un **compromiso de mejora ilimitada** y como un **viaje hacia una mayor conciencia**. Porque sé que, cuando amplías tu mente y tu conciencia, ves cosas que no percibías antes, y cuanto más la amplías, más ves y más libre eres. Hace tiempo que comprendí que, **para ayudar a los demás, tenía que ser capaz de cambiarme a mí mismo**. Por eso me comprometí con mi mejora constante y mi propio cambio.

«"¿Cuánto tiempo es para siempre?", preguntó Alicia. "A veces, solo un segundo", respondió el conejo». Adoro esa frase de la adaptación al cine de Tim Burton de *Alicia en el país de las maravillas*. Lewis Carroll creía en la magia, como yo, y por eso sus personajes decían muchas cosas increíbles. La mayoría de los psicólogos y coaches se ponen muy serios para explicar que el cambio es progresivo y muy lento. Tienen razón. En mi caso, ha sido así a lo largo de mi vida, pero no siempre. **A veces, se cambia en solo un segundo.** A veces, un clic mental puede cambiarte la vida. He visto cambios impresionantes en mí mismo y en otras personas que se han dado en un abrir y cerrar de ojos. Y si algo sucede una vez, significa que es posible. No importa cuánto tiempo nos ha limitado un hábito, un comportamiento o una forma de pensar; no importa durante cuánto tiempo hemos intentado cambiarlo. Sé que dentro de nosotros hay un poder que puede transformar cualquier cosa en nuestro interior en cuestión de segundos. Lo sé y lo he visto. Pero, una vez más, para que algo así ocurra, tenemos que confiar ciegamente en ese poder y saber que es posible.

«Es importante recordar que todos tenemos magia dentro de nosotros».
J. K. Rowling

Muchas personas no descubren en toda su vida este poder que yace en todas las cosas y en nosotros mismos, y otras se dan cuenta de que eran más capaces de lo que pensaban cuando les sobreviene una crisis o se ven con la soga al cuello. Mucha gente descubre que es mucho más fuerte de lo que creía cuando ser fuerte es la única posibilidad que le queda. ¡No esperes tanto tiempo!

Hasta hace algunos años, yo estaba dormido, vivía muy inconscientemente e iba por la vida como un sonámbulo. A menudo, me dejaba llevar por la corriente y hacía cosas que no quería hacer ni me llevaban a mi destino. Si pasaba algo que era agradable, estaba con gente simpática, escuchaba un comentario positivo o lograba lo que quería en ese momento, me sentía contento y feliz. Pero si ocurría una cosa desagradable, estaba con gente enfadada, me cruzaba con alguien desagradable, no me escribía el chico que me gustaba o me frustraba por no conseguir lo que quería, me sentía triste e infeliz.

¿Qué quieres hacer con tu vida?
Sea lo que sea, puedes hacerlo.

Así, en un mismo día, pasaba de la felicidad a la infelicidad como una pelota va de una raqueta a la otra o como si mi estado dependiera de un azaroso juego de dados. Valoraba tan poco mi felicidad que la dejaba en manos de los demás y de las circunstancias. Esa corriente que me arrastraba a veces no tenía nada que ver conmigo. En los momentos horribles de angustia y de soledad me sentía triste y ansioso, hasta el punto de necesitar somníferos para dormir. Estaba desconectado de mí mismo y no me atrevía a ser yo.

En 2010 viajé hasta la isla de Lanzarote, a Playa Blanca, siguiendo el susurro de una voz interior en la que apenas creía. Aquel verano, pedí muchos deseos a las estrellas. Años después, la mayoría de ellos se han hecho realidad y otros están en proceso de cumplirse. Tengo una fe inquebrantable en mis deseos y en mis sueños. Mi felicidad, sin embargo, no depende de que se cumplan. He hecho un pacto conmigo mismo: **no condiciono mi felicidad, mi gran tesoro, a nada ni a nadie**.

En Playa Blanca aprendí que mi relación conmigo mismo —una tarea de por vida— es lo más importante. **No necesitas exigirles nada a los demás, pero acepta siempre los regalos que la vida te hace con muchísimo agradecimiento.** Y ahora sé que **todo parte de dentro hacia fuera**, por lo que no necesito culpar a nadie de lo que me ocurre. Hermann Hesse escribió:

> En ningún otro momento descubrimos con tanta facilidad la medida en que somos creadores, en que nuestra alma participa

constantemente en la recreación de la vida. Una misma divinidad indivisible actúa en nosotros y en la naturaleza; y si el mundo exterior desapareciera, cualquiera de nosotros sería capaz de reconstruirlo, porque los montes y los ríos, los árboles y las hojas, las raíces y las flores, todo lo creado en la naturaleza está ya prefigurado en nosotros: proviene del alma, cuya esencia es eterna, y escapa a nuestro conocimiento, pero se nos hace patente como fuerza amorosa y creadora.

Al principio me costaba mucho entender esas palabras, pero ahora estoy convencido de que Hesse tenía razón. ¿Por qué tantos hombres y mujeres buenos y sabios que han dicho lo mismo a lo largo de la historia iban a equivocarse en una verdad tan profunda?

Muchas personas suelen verse como seres insignificantes en un mundo sin sentido. Pero yo ahora comprendo el inmenso poder del ser humano, su valor y su propósito, porque sé que **eres mucho más de lo que ves y de lo que tantas veces piensas**. Mi deseo es que puedas llegar a comprender y a saber esta verdad, que para mí es la única que existe en el mundo. Porque, si comprendes lo que en realidad eres y lo valiosa que es tu vida, vas a poder disfrutar de la aventura de tu vida más allá de lo que puedes imaginar.

En la vida hay una fuerza invisible que nos une a todos, que lo conecta todo y que lo sabe todo. Esa fuerza está en todas partes, también dentro de ti. Pero para poder verla, utilizarla y disfrutarla, tienes que ser consciente de ella, porque, de lo contrario, es como si no estuviera. Y ese conocimiento es lo único que nos diferencia a unos seres humanos de otros. Todos somos magos, pero hay mucha diferencia entre serlo y saber que lo eres. Una persona pobre puede crear un mundo de abundancia a su alrededor. Alguien infeliz puede construir una vida feliz. Un avaro puede convertirse en generoso. Pero, si no saben que pueden, no serán capaces de hacerlo. Mientras no seas consciente, no podrás desarrollar tu potencial.

Confía en tus posibilidades.

Creo que mi hermano, diez años mayor que yo, sabía estas cosas porque algunas están escritas en sus poesías. Pero se le olvidaron. El día 22 de noviembre de 1999 se levantó por la mañana, se puso su bata y fue a la cocina a desayunar y a tomarse su pastilla, pero no llegó a probar bocado. En un momento dado, decidió dar la vuelta. Salió de la cocina y recorrió lentamente el larguísimo pasillo que había en mi casa de entonces y llegó a la última habitación, un cuartillo pequeño que estaba lleno de trastos. Allí se quitó la vida a los treinta y dos años. Lo escribo para no olvidarlo nunca. La casa se nos hizo muy grande a mi familia y a mí. Mi madre pasó muchos años llorando a mares y sin sonreír, pero a día de hoy es feliz, aunque se acuerde de su hijo cien veces al día. La muerte fue una gran maestra para mí y aún me ancla en lo más valioso de la vida.

Dormí junto a él, en la misma habitación, hasta mi adolescencia. Mi alma ha pasado junto a la suya más tiempo que con ninguna otra. Recuerdo que cuando yo tenía siete años una noche se levantó de la cama y empezó a correr dando gritos, como si estuviera escuchando y viendo algo o a alguien. No estaba dormido. Toda la familia se despertó. Yo me quedé inmóvil y pasé mucho miedo, nunca había pasado tanto miedo. Tuve miedo todos los años que vinieron después y no pude dormir sin ver una bombilla encendida hasta que cumplí veinticinco años. Entonces no sabía, porque nadie me lo había contado, que hay personas que sienten y ven cosas que otros no pueden ver ni escuchar. He tardado veinte años en creer a mi hermano.

Y ya no me da ningún miedo la oscuridad. Tampoco la muerte. He pensado tanto en ella desde que él murió que ya no me asusta. Pienso que cuando dejas de tenerle miedo es cuando realmente puedes llegar a ser libre. Yo no quiero morir todavía ni tampoco quiero que mueran las personas que quiero, pero me siento preparado para aceptar las cosas. Quiero **ser feliz y vivir mi vida con pasión**, todos los años que pueda, con salud y buena energía, ayudándome a mí y a tantas personas como pueda, y estoy poniendo todos los días los medios para que así sea. Cada día, desde que abro los ojos, pongo todo de mi parte para ser feliz, dar lo mejor de mí, caminar hacia mis sueños y no caer en las terribles garras del desánimo ni retroceder hacia ese agujero negro que tanto conozco y que tantas veces me ha impedido desarrollarme como ser humano.

No debemos temer la muerte, pero sí tenerla presente para no desperdiciar nuestra vida, que no se nos vaya el tiempo y, al acabar nuestros días, nos reprochemos no haber amado o no haber hecho lo que en el fondo queríamos. Por eso, desde que me levanto hasta que me acuesto, tengo la **intención de crecer, de amar, de aportar y de experimentar**.

Creo en el **amor** y en la **felicidad**. A ambos se llega a través del **movimiento** y la **autorrealización**. Y para alcanzarla hay que **abandonar la comodidad**: es necesario despertar, atreverse y sacudirse, ir a por todas y hacer lo que sea necesario todos los días. Porque **la vida es un viaje de aprendizaje infinito** y no hay viaje sin movimiento. Mientras aprendes, estás vivo. Tu viaje en la tierra no termina hasta el día en que te marchas para caminar por otros senderos más etéreos y luminosos. No des por terminado tu aprendizaje hasta el último aliento.

Deseo que no tardes tantos años como yo en comprender y aceptar lo que se sabe desde el principio de los tiempos: lo de fuera es una proyección que nace desde dentro. Todo tu mundo parte de ti: tus experiencias, tus dificultades, tus deseos, tus enfados y tus ganas de vivir. **La transformación verdadera requiere mirar hacia dentro**, para que una vez hechos los cambios internos puedas ver los externos.

En una de sus poesías, mi hermano decía que, cuando pedimos cosas al universo, este nos las concede. **Confiar en el universo es confiar en la vida y, por tanto, en ti.** Todo cambia después de eso.

¿Por qué olvidaste, Rafa, que ese mundo que anhelabas también estaba aquí?, le he preguntado a mi hermano muchas veces. También le he planteado otras dudas y preguntas sobre mí o sobre la vida. Y muchas veces he sentido que llegaban a mí respuestas suyas, a veces como tenues vibraciones y otras como pensamientos que brotaban en mí desde las profundidades. Pero nunca he sentido que él, o la vida o el universo mismo, me hablara con tanta claridad como el pasado 15 de julio de 2018. Comparto aquí una parte del mensaje que recibí aquel día: «Efectivamente, el cielo está en todas partes, Curro, pero pocos lo recuerdan. No hay nada más importante que vivir con amor y alegría cada día».

✦✦✦

¡Este libro se acaba! Y necesito que ahora me prestes toda tu atención. Mientras escribo estas últimas páginas, te sonrío y me imagino cerca de ti mirándote. De fondo, mientras me despido de ti, suena *Empire of Angels*, de Thomas Bergersen. Sugiero que la escuches tú también mientras lees.

No me importa la edad que tengas ni a qué te dediques. No me importan tu sexo, tu idioma, tu raza ni tu identidad sexual. No me importa lo que hayas hecho ni tus estudios, tu nivel cultural o tu coeficiente de inteligencia. No me importan tus prejuicios ni tus creencias. Solo me importas tú, seas quien seas.

Cierro los ojos antes de seguir escribiendo. Y ahora imagino que están delante de mí miles de personas, cada una con sus problemas y sus ilusiones. Están serias pero esperanzadas, expectantes, y en sus ojos veo sus miedos, que son los míos y los de todos los seres humanos. Unas ríen, otras dejan caer algunas lágrimas.

¿Te acuerdas de todas las veces que te hablaste mal a ti mismo? ¿De esos miedos que tantas veces te han asustado? ¿De todo lo que has dejado de hacer por miedo al qué dirán? ¿De cuánto has sufrido por pensar que habías hecho algo malo, por mendigar amor o porque otros no te valoraban o aprobaban? ¿De cuándo dejabas de ser tú, perjudicándote, para intentar agradar a otros? ¡Basta! ¡Deja todo eso atrás! ¡Ahora! ¡No hay tiempo que perder!

¡Tu vida es lo más importante!

«No tengo tiempo para hacerme la víctima. Mientras esté aquí voy a hacer lo que he venido a hacer a este mundo», dijo Freddie Mercury cuando un médico le dijo que moriría dentro de poco. Eso mismo pienso yo: aunque no tengas una enfermedad terminal, tu tiempo también es limitado y tu vida pasará rápido. La mía también. Todos estamos aquí de paso. Vive siendo consciente de que este maravilloso viaje puede acabar en cualquier momento. ¡Ve a por todas! Ahora siento tus ganas de despertar por completo y para siempre, de soltar tus miedos y lo que te ha estado limitando. Siento tus ganas de vivir al máximo.

Espero que tengas siempre en mente lo que he compartido contigo en *El poder de confiar en ti*. He dedicado mucho tiempo a la escritura, he pasado muchas horas en soledad —estudiando e investigando— e interminables han sido las horas de trabajo conmigo mismo en todos estos años. Este es el legado en el que creo y que yo quería dejar al mundo.

Ahora he de seguir haciendo mi vida, pero no olvides que somos compañeros. Todos los seres humanos, los de ahora, los de antes y los que vendrán, estamos aquí para ayudarnos; todos tenemos heridas parecidas y atravesamos más o menos las mismas dificultades; y todos realizamos un viaje que siempre parte de distintos lugares pero tiene un mismo destino: el amor. Un amor que no podemos experimentar todavía de forma permanente, porque a veces lo tocas y lo sientes, pero luego se te escapa y se pierde entre el vacío y la nada. Y entonces, cuando vuelve la duda y con ella la infelicidad, es cuando más necesaria es la fe. Confía en ti mismo, en el otro, en la vida.

«La felicidad es amor, no es otra cosa.
El que sabe amar es feliz».
HERMANN HESSE

Vuelve a leer este libro siempre que quieras o cuando necesites recuperar tu confianza en ti. Tal vez, un día, algo o alguien te asuste y necesites ser valiente. Lo que te da miedo te esclaviza, así que libérate de él y esa persona o situación que te asusta dejará de tener poder sobre ti. La vida es un juego, pero a veces lo olvidamos y nos tomamos las cosas demasiado en serio. Cuando necesites ayuda, nadie podrá acudir físicamente a tu habitación para salvarte. Yo solo puedo salvarme a mí mismo. Solo tú puedes salvarte a ti. Tendrás que buscar en tu interior para sacar la fuerza que ahora sabes que tienes. En ti está el mismo poder que tengo yo. Invócalo. Si cierras los ojos y conectas con tu yo más profundo, sentirás claramente que en tu interior está la sabiduría de todos los tiempos. También estarán dentro de ti todos aquellos a los que quisiste y que ya no están en este mundo. Encontrarás en ti todas las respuestas de los que antes que tú lograron liberarse.

«—Pero temo que jamás vuelva a verte...
—dijo Alicia.
—Oh, mi querida Alicia, en el jardín de la memoria, en el patio de los sueños, es ahí donde nos encontraremos
—respondió el Sombrerero».
Alicia a través del espejo, LEWIS CARROLL

Te sentirás en paz, en calma. Mira dentro de ti y encontrarás el universo entero lleno de estrellas que brillan como posibilidades, y desde dentro observarás la realidad verdadera, que poco o nada tiene que ver con la supuesta realidad que perciben tus sentidos. Contemplando el universo en tu interior, permitirás que tus deseos se vayan materializando. **Cuando entiendas que no necesitas nada más, entonces lo tendrás todo**.

Desde hoy, tu vida no va a ser la misma. Evidentemente, seguirá habiendo problemas. Pero ahora sabes que todos los puedes superar. Y tendrás que curar nuevas y, a veces, dolorosas heridas, esas pequeñas grietas que vivir provoca en un corazón que late sin cesar. En esos días grises, mira a tu interior y sonríe. En tu interior se encuentra reposando tranquilo tu verdadero destino: la felicidad. No te desconectes de ella. Tan solo tendrás que relajarte y cerrar los ojos para conectarte con tu destino y con tu esencia, y podrás ver e imaginar tu propia imagen, brillante y grandiosa, proyectada desde la oscuridad, como un sueño irreal pero al mismo tiempo muy verdadero. Sigue con los ojos cerrados y sonríe ante esa poderosa imagen llena de luz que te refleja fielmente a ti y, al mismo tiempo, a un ser superior fuerte y radiante, como si perteneciera a otro mundo más pleno y amoroso. Y en ese ser y ese mundo, que se encuentran dentro de ti, hallarás tu guía y tu verdad. La única verdad. Tu hogar. Y, con ese conocimiento, tu vida será más tranquila, confiada y serena.

El cielo también está aquí. Nunca olvides lo más importante: vive con amor y alegría cada día. Hazlo y serás la persona más feliz y más poderosa. Estarás ayudando a todo el planeta. El acto de generosidad más grande que puedes hacer por ti y por los que te rodean es ser feliz. ¿Qué necesitas para conseguirlo? El viaje interior ya se ha iniciado. Continúalo. Todos somos muchísimo más capaces de lo que pensamos. Eres capaz de lograr cosas increíbles que todavía no puedes ni siquiera imaginar. Puedes tener una vida buena. Avanza al ritmo que puedas y elijas. Ten paciencia. No te preocupes por lo que hoy por hoy aún no comprendes: ya lo comprenderás en el momento perfecto. Respira profundo y abre tu corazón siempre que puedas y te harás más consciente. Practica. Acéptate y apruébate tal y como eres ahora. Levántate cada vez que te caigas. Empieza de nuevo siempre que sea necesario. Disfruta del presente mientras avanzas. Atrévete a ser tú. Ayuda a los demás. No juzgues. Comparte tus talentos y canta tu canción. **Confía.**

Vales tanto como los mejores. No importa lo que haya pasado, importa lo que quieres vivir a partir de ahora. La vida empieza de nuevo cada día. Cada segundo es un valioso regalo. Y aquí tienes **el código que abre todas las puertas:** pon toda tu energía, toda tu intención y toda tu voluntad en hacer realidad tus sueños. ¿Cómo puedes hacer eso? Toma aquí mismo esta decisión irrevocable y de por vida:

«Dejo atrás el pasado y abandono todas las excusas que me impidan llegar adonde quiero. Me libero del qué dirán. Me permito ser feliz y realizarme. Me permito brillar. Creo en mí más de lo que nunca lo hice ni lo hicieron. Disuelvo los miedos, las dudas y la culpa. Me comprometo al cien por cien conmigo mismo y con mi proyecto de vida. Contribuiré con todo mi ser a que el mundo sea un lugar mejor. Voy a vivir con todas las consecuencias. Parto de cero todos los días. No me rendiré pase lo que pase. Desde hoy me querré, estaré de mi lado y seré mi mejor amigo/a hasta el último día de mi vida. Estoy a salvo. Yo, aquí y ahora, me comprometo con esta nueva forma de vivir que, a veces, no será fácil, pero sí coherente, hermosa y llena de poesía. Y siempre merecerá la pena y la alegría.»

A veces, puede que vuelvan los pensamientos negativos y traten de llevarte hacia atrás. No caigas en esa trampa. No te los creas. Piensa en lo maravilloso que es haber salido de esa cárcel. Siente la alegría de haberte liberado e imagina cómo sales de un túnel negro a un mundo lleno de magia, luz y color.

Este libro da suerte. Mi promesa es que si tú haces tu parte del trabajo, integras el contenido de lo que has leído y lo aplicas, tendrás mucha más suerte en la vida. De verdad. Te sucederán cosas maravillosas, a veces inesperadas, y conocerás gente especial. Verás la realidad con otros ojos. La magia existe, pero se trabaja todos los días. El éxito se hace. La suerte se crea. La verdadera felicidad llega por propósito, no por azar. Por más borrascas que aparezcan, por más noches oscuras que lleguen, por más veces que el miedo vuelva a llamar a tu puerta, no te rindas. Te prometo que eres cien mil veces más grande y fuerte que tus miedos.

Por último, graba este mensaje en tu mente y en tu corazón: **eres poderoso. Eres poderosa. Y todo irá bien.**

AGRADECIMIENTOS

Empecé a escribir este libro el 21 de diciembre de 2017 en Córdoba y lo terminé el 28 de agosto de 2018 en Fuengirola (Málaga). A estas dos ciudades les agradezco haber sido, junto a Madrid, protagonistas en mi vida.

Doy las gracias a mi madre y a mi padre por lo maravillosamente bien que se portaron conmigo a lo largo de todo ese mes de agosto en Fuengirola mientras yo escribía: me cocinaron todos los días comidas deliciosas, me dieron amor y cariño incondicionales e incluso me llevaron varias noches a cenar a mi restaurante favorito, un chiringuito enclavado a pocos metros del mar.

Al mar, a la luna llena y a la naturaleza les agradezco una y mil veces su inmensidad, su magia e inspiración.

También doy las gracias a mis hermanas, Enri, Carmen y Belén, por acompañarme en tantos aprendizajes y compartir su vida conmigo.

Y a mi hermano Rafa, que murió sin un euro en el banco, pero me dejó el mayor legado que nadie puede recibir: el aprendizaje sobre lo que de verdad importa. Gracias también, querido hermano, por inspirarme el final de este libro y ayudarme a creer que la muerte no existe.

A mis sobrinas, a mi sobrino y a mis amigos y amigas, por comprenderme y apoyarme.

Gracias, de corazón, a Luis Rejano Flores, que estuvo presente en mi vida durante las correcciones de este libro y que me ayudó a ser mejor persona.

A Ángeles Aguilera le doy las gracias por su alegría y por haber creído en mí aquella mañana de primavera. Gracias, Ángeles, por el amor que le has dado a este libro y por haber mostrado entusiasmo cuando aún estaba en el mundo de las ideas. A Paloma Fernández-Pacheco Espino le agradezco su energía positiva y el trabajo bien hecho; y a Fátima Santana su amabilidad, su entrega y su ayuda para darlo a conocer.

Doy también las gracias a todas las personas con las que hago sesiones y tengo consultas individuales, a quienes asistís a mis talleres intensivos y venís a mis firmas y a quienes me seguís en redes sociales y recomendáis mi libro y lo regaláis. Te prometo que todo lo que estoy haciendo lo hago por ti. No atiendo llamadas y a veces no puedo responder los mensajes, pero siempre agradezco mucho vuestras notas y cartas. Mi e-mail es elpoderdeconfiarenti@gmail.com y mi Instagram es @currocanete.

Gracias a todas las personas que creen en la magia y la comparten, pues así se hace más grande.

Gracias, en definitiva, a todos los seres humanos, los de antes, los de ahora y los que vendrán, por ser mis compañeros y mis maestros.

booket